"이 책을 자신 그리고 누군가를 위해 묵묵히 일하고 있는 당신에게 바칩니다.

끝이 어딘지 몰라 흔들리는 이 땅의 모든 청춘에게도!"

무엇이
당신을
움직이게
만드는가

무엇이 당신을 움직이게 만드는가

전교꼴찌가 청와대까지 갈 수 있었던 능력의 비밀

한상권 지음

Keep on Going

베프북스
Best Friend Books

1993년 히말라야 14좌 중 하나인 초오유 등반에 성공하고 하산길에서 들소 한 마리를 보았다. '블랙야크'의 시작이었는데, 지금 보면 그게 답이었다. 저자 한상권은 히말라야와 같은 인생길을 뚜벅뚜벅 자신만의 걸음으로 올랐다. 경험에서 우러나오는 등산길이 눈부시게 아름다운 이유다. 이 책은 단순히 한 사람의 이야기가 담긴 게 아니다. 미래라는 거산 앞에 선 모든 이의 인생의 지침서다. 이 책을 통해 독자들도 생의 전환점을 발견하길 진심으로 바란다.

강태선_블랙야크 회장

'인생은 스스로 디자인하고 신념으로써 자신을 경영하는 것'이라는 저자의 삶의 철학이 지면 곳곳에 오롯이 스며 있다. 진한 공감과 함께 간절함과 희망을 품은 청년의 뜨거운 움직임이 눈앞에 선명하게 그려져 한 편의 영화를 보는 것 같다. 저마다의 인생목표가 다르고 향하는 길도 다르기에 무엇이 옳고 그른지 정답을 찾기란 쉽지 않다. 하지만 어떻게 살아가는 것이 올바른 삶인지에 대해 이 책은 진지하게 묻고 답할 성찰의 시간을 갖게 한다. 미사여구가 아닌 처절하게 몸으로 겪은 냉철한 경험과 결과에서 생성된 저자의 글에는 용광로 같은 뜨거움과 북극의 얼음 같은 차가움이 공존하고 있다. 무엇보다 저자는 AI 시대, 4차 산업시대에 우리의 경쟁력은 인간본연의 감성과 창의력에 있음을 피력하고 있다. 그래서 '사피엔스로의 회귀'라는 저자의 주장은 더욱 설득력 있게 다가온다. 지금 이 순간 삶에 지친 사람들, 자신이 나아갈 목표를 잃고 방황하는 사람들에게 어두운 밤바다를 밝히는 등대의 빛처럼 이 책이 독자들에게 살갑게 다가가기를 희망한다. 삶의 무게를 이겨낼 뜨거운 무언가가 필요한 사람이라면 꼭 읽어야 할 책이다.

김구회_대종상영화제 조직위원장

서점에 즐비한 수많은 자기계발서들은 하나같이 성공한 사람들의 법칙을 따라야만 성공이 보장되는 것처럼 말하곤 한다. 하지만, 저자 한상권은 마치 옆집 형처럼, 동네 친구처럼 본인의 경험을 들려주며 우리 모두가 자기만의 성공법칙을 찾기 위해 '나에게로 떠나는 여행'을 하라며 손을 내밀어준다. 이 책을 통해 4차 산업혁명 시대를 살아갈 모든 이들이 각자 성공의 문을 여는 자신만의 열쇠를 찾길 바란다.

류태호_버지니아대학교 교육학 교수, 미래교육학자

'자기 역사를 쓰는 법'. 시니어 세대를 위한 일본 릿쿄立教대학의 강좌 제목이다. 저자는 인공지능AI 시대에 살아남으려면 어느 연령대든 자기 역사를 돌아보고 새 역사를 쓸 준비를 당장 하라고 권한다. 공직기관 인사팀장인 그는 전교꼴찌가 청와대까지 간 기억의 네트워크를 진솔하게 풀어낸다. 누구나 공감과 창의성으로 무장하면 희망을 찾을 수 있다는 용기를 선사하는 책이다.

안현실_한국경제신문 AI경제연구소장 겸 논설위원

현재 인공지능^{AI}은 우리의 상상을 뛰어넘는 초지능$^{Super\ Intelligence}$의 수준까지 이르렀다. 그야말로 인공지능이 모든 세상을 지배하는 것처럼 보인다. 하지만, 인공지능은 전지전능하지 않으며, 공평하지도 않다. 누구에 의해 어떻게 학습되느냐에 따라 그 특성이 결정되기 때문이다. 결국, 인공지능의 핵심에는 다시 사람이 중심이 되어야 한다. 그런 측면에서 이 책은 인공지능 세상에서 사람이 중심이 되는 이야기를 들려주는 것 같아 남다른 감동이 있었다. 진정한 데이터 과학자를 꿈꾸는 모든 이에게 권하고 싶은 책이다.

우종필_세종대학교 경영학부 교수

나는 여러 해 동안 한상권의 인간미와 에너지를 통해 자극받아왔다. 이 책은 저자의 뛰어난 통찰력과 추진력으로 이뤄낸 자연스러운 결과물이다. 이 시대 청춘에게 제대로 된 중심을 잡고자 하는 이야기에는 무게가 있고 꾸밈이 없어 정말 편하게 읽힌다. 세상의 끝에서 가장 높은 곳까지 발전해온 그만의 행동력은 시대를 관통하는 성장의 핵심이다. 과학의 발달로 인간의 움직임이 둔화되고 있는 시점에서 이 책을 통해 새로운 지각을 하고 희망을 품어보길 바란다.

이민우_고려대학교 의과대 교수

블록체인기술의 발달로 자본의 개념이 재정립되고, AI가 인간의 노동력을 대체하는 4차 산업혁명이 진행 중이다. 새 시대의 니즈에 맞게 포로^{poro}에서 프로^{pro}로 전향해야 한다. 저자는 이미 프로^{pro}정신으로 무장하고 변화된 현실에 앞서나가고 있으며 자신의 경험으로부터 터득한 소중한 교훈을 이 책에 실었다. 나는 저자의 교훈이 결코 우연이 아님을 알고 있다. 고로 이 책은 인생의 전환기를 맞고 있는 이 시대 모든 이들이 읽어야 할 필독서임에 틀림없다.

정경욱_변호사, 대법원 국선변호인

지금 우리는 4차 산업혁명, 코로나19 팬데믹 등 이전에 겪어보지 못한 급격한 변화와 위기상황을 마주하고 있다. 이 책은 위태로운 유년시기를 거쳤지만, 결코 포기하지 않고 당당히 도전해온 저자의 이야기를 흥미롭게 풀어냈다. 불확실성과 모호함으로 대표되는 소위 뷰카^{VUCA}의 시대를 살아가는 MZ세대에게 미래에 대한 해답과 희망을 줄 수 있을 것이라 확신한다.

정철호_목원대학교 경영학과 교수, 대한경영정보학회 명예회장

15년 전 기억을 소환해준 청년

한상권 씨를 처음 만난 날은 2005년 2월로 기억한다. 그 해는 해방 60주년이 된 해로 노무현 정부는 〈광복60주년기념사업추진위원회〉를 설립하였고, 총리가 나에게 집행위원장직을 제안했다. 학자로서 전 정부에서도 일했었고, 정부를 위해 일하는 마지막 봉사의 기회로 생각하며 임하였는데, 뜻밖에 좋은 경험을 했다. 나는 광복은 과거의 개념이 아니라 미래의 개념이라고 생각했다. 우리에겐 아직 채워지지 않은 '빛'과 같은 것이었다. 2005년, 다소 흥분된 감흥 속에서 거의 매일 출근해 일했지만, 추진기획단과 여러 부처에서 파견 나온 공무원들은 나와 다른 3층의 대형공간에서 일했기 때문에 자주 만날 수 없었다. 그런데 15년이 훌쩍 지난 어느 날, 나는 뜻밖의 이메일을 받았다. 한상권 씨의 편지였다. 15년 전을 소환한 그의 글을 읽으면서, 나와 비슷한 이름의 청년이 근무했다는 기억을 쉽게 떠올릴 수 있었다. 당시 저자의 사람됨을 알았던 것도 아니고, 관계 또한 없었기에 추천사에 선뜻 응답을 못했지만, 경험에 국한한 짧은 글로 그를 향한 반가움에 답하려고 한다.

생각나는 점은 2005년 2월 2일 청와대에서 위촉과 출범식을 가질 때 누군가가 자유발언의 기회를 얻어 청년실업 문제를 대통령에게 제기하고 질문했다는 것이다. 실업문제의 심각성을 경고하는 이 발언에 대통령은 "정말 충격적이네요."라고 웃으며 추켜세우며 화답했는데, 회상해보니 이 발언의 주인공이 바로 한상권 씨였다.

한상권 저자는 요즘 청년들이 겪는 고충과 애로에 마음이 매우 아픈 것 같다. 그래서 자신이 걸어온 길과 경험을 배경으로 하여 조금이라도 위안이나 도움을 주고 싶은 마음에 이 책을 쓴 것으로 유추된다. 이렇게 보면, 2005년 2월 그의 청와대 발언과 이 책 사이에는 상당한 일관성이 있다. 이 책은 지난 15년 동안 저자가 스스로 고민해오던 문제들에 대한 답을 찾는 과정의 잠정적인 결과라고 할 수 있다.

이 책을 어떻게 읽을 것인가는 전적으로 독자에게 달려 있다. 독자는 저자의 의도대로 독서하지 않는다. 무엇인가를 지시하거나 가르치는 메시지를 싫어하는 독자도 있다. 은은한 떨림, 파장, 공명을 향한 갈증도 있다. 그렇지만 누구든지 자신의 궤적을 뒤돌아보고 이로부터 자서전이건 수필이건 단상이건 또는 어떤 형태이건 간에 무심하면 놓칠 수 있는 삶의 지혜를 뽑아내 우리가 속한 공동체로 이것을 귀속하려는 노력은 칭찬받기에 부족함이 없는 훌륭한 행동이라고 할 수 있다. 이런 의미에서 한상권 저자의 저술활동은 가치 있는 일이다. 이 책을 출발점으로 삼아 저자가 더 발전하기를 기대하고 격려하는 마음으로 추천의 글을 쓴다.

한상진_서울대학교 사회학과 명예교수

활력으로 창의와 공감을 나누다

내가 한상권 팀장을 처음 만나 인연을 맺은 것은 2018년 가을, 주일본 대한민국 대사로 도쿄에 근무하던 시절이었다. 그해 11월, 정부기관에서 주관한 〈2018세계청년컨퍼런스〉에 참석했던 한상권을 대사관저에서 만났다. 전세계 여러 나라에서 활동하는 청년들이 내가 베푼 만찬에 참석한 자리였다. 대사로서 한국과 일본의 청년세대 교류에 관심이 많았고 한국 청년들의 일본취업을 대사관 역점사업으로 추진하던 탓에 청년행사는 조건을 따지지 않고 후원하던 차였다. 그때의 한 팀장은 대단히 활기 넘치고 적극적인 청년이었다. 그와 여러 대화를 나누었던 기억이 난다.

귀국 후에도 한 팀장은 나에게 연락을 해왔는데, 한·일관계와 동북아 평화를 주제로 특강을 해달라는 요청이었다. 마침 코로나 상황이라 방역규칙이 수시로 변하고 장소문제 등으로 두어 차례 행사를 연기하는 일이 생기면서 한 팀장과 여러 차례 조율하는 일이 발생하였다. 그런 과정에서 한 팀장의 활력과 적극성을 다시 한 번 확인할 수 있었다.

한상권 팀장이 책을 출간하게 된 배경에 이 같은 활력과 적극성이 작용했다고 본다. 자신이 살아낸 15년간의 직장생활에서 겪고 느낀 바를 청년세대에게 나누고자 하는 발상은 아무나 할 수 있는 것이 아니다. 활기가 있는 사람이어야 하고 매사 적극적인 사람이어야 가능하다. 게다가 한 팀장은 정부 소속기관의 인사팀장으로서 겪은 경험을 전하고 싶은 강한 동기를 갖고 이 글을 썼다는 점에서 독자들의 공감이 더할 것이라 믿는다.

청년세대의 어려움이 사회적 과제가 된 지 상당한 시간이 지났다. 취업, 결혼, 주거, 출산, 자녀교육 어느 하나 쉬운 과제가 없다. 정부마다 청년세대 과제를 해결하겠다고 정책을 펼쳐보아도 상황이 개선되는 기미가 보이지 않는다. 정책으로 잘 대응이 되지 않는다는 말은 이 과제들이 상당히 구조적인 성격을 띠고 있다는 말과 같다. 그런 가운데 하루하루를 살아내야 하는 수많은 청년세대 당사자들의 고민과 고통은 실로 헤아리기 어려울 터이다.

창의와 공감이 이 책의 주제다. 시대를 관통하는 주제라 생각한다. 창의는 끊임없는 자극이 토대가 된다. 이 책은 청년세대를 자극하고자 한다. 자극 없이는 성장이 불가능하기 때문이다. 또한 공감은 희망과 연관되어 있다. 고달픈 현실을 대응해나가는 데 내일에 대한 희망이 있어야 한다. 같은 고민을 했고 현실을 치열하게 살아냈던 같은 세대로부터 듣는 희망의 메시지는 다가오는 의미가 각별할 것이다. 아무쪼록 이 책을 통해 독자 여러분들이 자극을 받고 희망도 얻었으면 하는 바람을 가져본다.

이수훈_前 주일본 대한민국 대사, 경남대학교 석좌교수

contents

3장

한 번이라도
뜨거운 무언가를 해본 적이 있는가?

4장

희망은 정신을 자극한다
나는 희망을 현금으로 사지 않는다

5장

무엇이 당신을 움직이게 만드는가?

흔들리는 멘탈을
부여잡고 있을 그대에게

회사에 열심히 다니면 모든 게 잘되는 줄 알았다. 어렵게 취업문을 통과한 우리는 이미 성공을 이룬 듯 신나 하고 기뻐하지 않았던가! 그러나 그 기쁨은 세 달을 넘기기 힘들었다. 나만 그랬을까? 굳이 찾을 필요는 없지만, 도무지 결승선이 어디에 있는지 보이질 않고 내가 지금 어디에 서 있는지는 더더욱 알 수가 없다. 신입사원은 그들만의 풋풋한 향기 하나로 어리바리 하루를 해결할 수 있다지만, 연차가 쌓여 가는 경력자에게는 스스로 내공을 채워 넣어야만 그 힘을 발휘할 수 있는 결핍충족 시간의 연장이었다.

그렇게 나는 월급쟁이로 꽉 채워 15년을 살아왔다. 모든 시간은 내게 10m 높이의 쓰나미가 밀려오는 듯한 도전의 연속이었다. 직장인으로서, 때로는 회사의 규정과 사람 관리를 책임져야 하는 인사팀장으로서의 하루하루가 그랬다. 직장생활이 지겨워 스타트업을 설립해

전 재산을 날려 먹기도 했다. 지쳐 쓰러지기도 했고, 탈출구를 찾아 컴컴한 앞을 더듬기도 했다. 다시는 월급쟁이 짓은 안 하겠다고 수십 번 되뇌었지만, 결국 또다시 출근 지하철에 몸을 실었다.

"열정이고 뭐고 연장수당이나 주시든지. 아니면 그냥 퇴근하겠습니다." 혼잣말로 웅얼거리지만 1데시벨 이상 넘기지 못한 지 오래다. 오늘도 칼퇴근은 글렀다. 퇴근시간과 상관없이 쏟아지는 업무의 비바람은 내 몸을 흠뻑 적신 지 오래다. 이런 한탄이 어느 순간 체화된 듯 내 몸은 아직도 모니터를 주시하고 있으니 참 알 수 없는 세상사다. 월급을 받는 순간 회사를 향한 복잡했던 생각들과 마음은 한순간 'one way^{일방}'가 되어버린다.

나는 잘 알고 있다. 오늘 당신의 하루도 결코 녹록하지 않았다는 것을. 누군가가 당신의 노력과 열정, 고뇌를 이해해주기를 바라지만 세상은 당신을 도구로 볼 뿐, 하나의 인격체로 인정해주기를 꺼린다. 우리의 직장생활은 도전의 연속이다. 그래서 내가 경험하고 느꼈던 것들을 색다른 시각으로 써 내려가면서 가장 우선시한 것이 당신과 공감할 수 있는 몇 글자이다. 당신의 모든 걸 알 수는 없지만 그래도 조금이라도 위로하고 "힘내세요!"라고 응원해주고 싶었다.

당신을 깨울 인생 최고의 시간

"아무리 똑똑해도 AI보다 똑똑할 수는 없다. 창의력, 공감능력만이
인간으로서 생존할 수 있는 유일한 길이다. 더 이상 직장에만 머물지
말고 세상 속으로 들어가 자신만의 능력을 발견하라."

'사피엔스로의 회귀'. AI를 필두로 하는 4차 산업혁명 시대를 나는
이렇게 표현한다. 불분명하고 묵직한 시간은 당신의 코끝을 압박하며
빠르게 다가왔다. 로봇에게 일자리를 내주기 시작한 제조분야와 물류
분야는 점점 사람의 목소리가 들리지 않는다. 구한말, 일본인들이 택
시 사업을 최초로 시작할 때 일자리를 잃을 수 있다는 위기 속 인력거
꾼들의 일그러진 얼굴을 현재 우리는 컴퓨터를 통해서 경험하고 있
다. 진정으로 컴퓨터에 우리의 자리를 넘겨줄 텐가?

누구나 마음속에 책 한 권이 있듯, 누구 못지않은 파란만장한 삶을
살았다. 추락하던 불량 청소년기를 거쳐 성인^{聖人}으로 불릴 만한 인생
의 멘토를 만나고, 장학생으로 대학교를 졸업, 청와대를 거쳐 중소기
업 해외주재원으로 근무하고, 회사설립과 폐업을 경험해 보고, 이제
는 대기업을 거쳐 고용노동부 소속기관 인사팀을 이끌고 있다. 마치
알 수 없는 결말을 맺는 미스터리 영화처럼 정말 먼 길을 달려온 듯하
다. 나는 오늘 그저 그런 영화 속 성공 이야기를 하고자 하는 게 아님

을 밝혀둔다. 더는 개천에서 용龍이 나올 수 없는 우리의 현실을 그대로 지켜만 보고 있을 것인가에 관한 냉정한 질문이다.

인사팀장을 관상觀相 전문가라고도 하는데, 인사담당자에게서 따뜻함을 느끼기 힘든 이유이기도 하다. 당신이 만나는 인사담당 직원은 당신의 머릿속을 꿰뚫어보기 위해 갖가지 연산을 수행하고 있다. 이런 직종에서, 그것도 팀장인 내가 당신에게 해줄 말이 목구멍까지 차오른다는 것쯤은 알 수 있을 것이다. 나는 당신에게 조금이라도 그 이야기를 털어놓고 싶다. 어느 누구도 쉽게 시작하지 못했고, 옆 사람과 차별화된 전략을 필요로 하는 당신만을 위한 나만의 메시지를 말이다.

당신의 정신을 자극하고 몸을 움직여 성장의 메시지를 찾는 데 이 책이 조금이나마 도움이 될 수 있을까? 많은 이들이 책 하나로 인생이 바뀌기를 바라지만, 그런 일은 좀처럼 일어나지 않는다. 내 책도 마찬가지라는 걸 알고 있다. 단지, 내 글이 하루를 이겨내고 끝이 보이지 않는 망망대해를 바라보는 당신에게 한 줄 희망의 메시지가 되기를 바라는 것뿐이다. 오늘도 부둣가에 정박해 있는 당신이 저 멀리 보인다. 이제 하루의 고단함을 이겨내고 당신만의 희망을 찾아 나서기를 바란다. 내 책이 조금이라도 당신의 엉덩이를 들썩이게 해준다면 나는 그것으로 충분하다.

그 옛날 사피엔스가 몸을 움직여 생존의 도구를 발견하고 지금까지 존재하듯이, 당신도 직장 밖으로 나가 몸과 마음을 움직여 자기계발을 하고 인생 전반에 걸친 행복을 찾기를 희망한다. 그게 내가 말하는 이 책의 모든 것이다. 내 글을 통해 당신이 신神으로 모셔왔던 책상 위에서 쌓은 곁가지 지식들이 성장의 핵심이 아니라는 것을 느끼고, 결국 생각 이외의 다른 곳에 숨겨져 있다는 걸 알면 좋겠다. '사피엔스로의 회귀'. 이것이 인사팀장이 알려주는 인사담당자도 모르는 성장의 첫 번째 조건이다. 이제부터 당신을 변화시킬 세상 속으로 들어가보자.

한상권

내 책에서 가장 많이 나오는 단어가 '님'이다. 이것은 사장님을 말하는 것이고, 팀장님, 고객님, 검사님 그리고 상급기관의 그 님이다. 그들은 나의 자존감을 갉아먹는 무서운 존재들인데, 나는 님이라는 한 글자로 표현했다. 언젠가는 나도 님이 되겠지만 지금 이 순간만큼은 그렇게 되고 싶지 않다는 자기암시이기도 하다. 글공부를 하는 석학의 모습처럼 맞춤법과 어문규정에 얽매이지 않고 내 말의 흐름대로 글을 썼음을 미리 밝힌다. 과하게 양념을 쳐 그 맛을 잃게 만든 콩나물국이 되지 않기를 바란다.

특히 접미사나 행정순화용어를 자주 사용했는데 외국어에서 온 우리말에서는 불필요하다는 것을 잘 알고 있다. 나는 수많은 시대를 지나오면서 언어도 환경의 변화를 맞이했다고 생각한다. 사실, 한자(漢字)도 국어라고 말할 수는 없지 않은가? 당신도 일상에서 사용할 수 있는 문장이라면 모든 것을 자연스러움으로 받아들일 수 있을 것이다. 혹시라도 욕이나 누군가를 모욕적으로 표현하는 글이 불편하게 느껴진다면 그 장은 과감하게 넘어가도 좋으니 미안해할 필요는 없다.

얼마 전 유발 하라리의 《사피엔스》를 읽었다. 솔직히 책 읽기가 정말 힘들었다. 책 하나만으로 나도 대단한 사람은 아니라는 걸 확인할 수 있었다. 그래도 책을 통해서 내가 느낀 단 하나는 우리도 동물이구나.라는 것이다. 단지 손톱깎이로 손톱을 깎는다고 해서 우리가 동물이 아닌 신의 영역에 들어선 것은 아니니 말이다. 사람 = 인간 = 사피엔스를 주고자 하는 의미에 따라서 번갈아 사용했다. 조직의 인사를 책임지는 전문가이자 평범한 가장으로서 이 책을 집필했다. 책을 읽는 도중에 정신이 산만해지지 않기를 바란다.

1장

어때요, 당신의 꿈은 안녕하신가요?

막장인생,
이렇게 삶을 다시 꿈꿀 수 있었다

"인간의 지적 능력은
얼마나 많은 방법을 알고 있느냐로 측정되는 것이 아니라,
뭘 해야 할지 모르는 상황에서 어떤 행동을 하느냐로 알 수 있다."
존 홀트John Holt

"오늘 퇴근하고 뭐해? 특별한 거 없으면 저녁이나 먹고 같까?" 유난히 막걸리를 좋아하던 님은 그 못지않게 막걸리를 사랑하던 나와 자주 서울장수막걸리를 마시러 회사 앞 육대전에 모였다. 님은 젊은 친구가 막걸리 애호가라는 사실이 재미있다며 시도 때도 없이 나를 달고 나가셨다. 나는 입사하고 초기 신입사원 때까지는 회계팀에 배속되어 경력을 쌓았지만 2년 후, 님의 추천으로 인사팀으로 자리를 옮기게 되었다. "자네는 곧은 심성이 장점이야. 인사팀에서 일해 보는 게 어때?"

직장인들도 피할 수 없는 시대의 변화는 빠르게 진전되어 왔다. 어제오늘의 문제가 아니라 무한반복되는 인생의 굴레라고 말하고 싶다.

하루이틀의 문제가 아니라면 우리는 이것을 받아들일 수 있는 멘탈과 체력이 뒷받침되어야 한다. 그래야만 당신이 원하는 삶의 풍요로움을 누릴 수 있고 직장의 중심에서 결국 웃을 수 있기 때문이다. 시기적절한 움직임은 당신의 인생을 송두리째 바꿔놓을 수도 있다.

나는 고등학교 때 학년 석차 꼴찌를 여러 번 할 정도로 공부에 정을 붙이지 못했다. "공부해야 성공하는 거야, 알겠어?"라는 선생님의 말씀은 1%도 이해하고 싶지도, 할 수도 없었다. 집안의 군대식 문화는 내가 지어야 할 책임을 용수철 밀어내듯 밖으로 밀어내게 했다. 어찌 된 영문인지 누군가의 강요에 의해서 시작하는 공부는 나에게 그 의미를 찾지 못하게 했을 뿐만 아니라 오히려 그것을 가까이하고 싶지 않도록 하는 거부의 대상이 되어버렸다. 외부의 영향으로 동기를 찾는 것은 이렇듯 역효과의 원인이 된다.

내가 잘할 수 있는 것은 밖에서 각양각색의 사고와 문제를 일으키는 것이었다. 응축된 에너지는 어떻게든 표출해야 했고, 잦은 학내 싸움으로 이어지던 삶은 일찍부터 파란만장했다. 갑작스러운 어머니의 사망으로 찾아온 가난, 전교꼴등, 두 번의 가출, 폭주족 조직, 약물, 우울증, 폭력서클 가입, 잦은 경찰서 출입은 내가 학교에 다니면서 가장 많이 다루었던 단어들이다. 교복은 매일 찢겨 있었고 몸은 고단했다. 모든 걸 뒤흔들 만한 변화의 기로에 서 있던 위태로운 시간이었다.

옛말에 친구를 잘 사귀어야 한다고 했다. 이제 와서 생각해보면 실제로는 그 친구도 나라는 사람을 잘 사귀어야 했으니 잘못 만난 건 피차 마찬가지였다. 그렇게 청소년기를 위태롭게 지내왔다. 그런 내가 어떻게 이 자리에 설 수 있었을까? 어떻게 대통령을 돕게 되고, 뉴스에 등장하는, 나름 잘 나가는 사람이 될 수 있었을까? 중소기업에 입사해서 대기업으로 이직하는 과정에서 어떤 요인이 작용했을까?

한때 불량학생이었던 나도 피할 수 없는 것이 있었으니, 바로 군대였다. 누군가의 강요를 그렇게도 싫어하던 내가 군대에 간다는 게 쉽게 상상되지 않았다. 하지만 잘 만들어진 징병제도에 이끌려 나는 힘없이 입대버스를 탔다. 가본 사람은 다 아는 군대라는 곳은 건조하기 짝이 없었다. 삽질의 왕국인 그곳에서 나는 한 사람을 만났고, 내 인생을 통째로 바꾸는 계기가 되었다.

군대에서는 주말마다 종교활동이 있어서 자신이 원하면 얼마든지 참여할 수 있다. 이때 만난 분이 김성애 요한 수녀님이다. 작은 키에 짙은 검정머리를 천으로 감싸고, 눈 옆은 아래로 휘어져 내려와 마치 웃고 있는 하회탈의 모습과도 같은, 그리고 입꼬리는 살며시 올라가 있어 흡사 자식을 바라보는 어머니의 미소 같았던 수녀님. 그 얼굴이 어찌나 평온해 보였는지, 나는 수녀님을 잘 따랐다. 노래도 잘하셔서 성가를 부를 때면 아름답고 따뜻한 목소리로 나를 안정시켜주셨다. 수녀님은 내가 갈 때마다 종종걸음으로 달려와 두 팔 벌려 안아주곤 했다.

하루는 성당 옆 작은 수녀원에서 따뜻한 차 한 잔을 나누며 이런저런 이야기를 나누었다. 수녀님은 나를 처음 봤을 때부터 사회에서 문제아였다는 것을 한눈에 알아봤다고 한다. 그리곤 잠시 방으로 들어가더니 책 두 권을 가져와 나에게 선물하셨다. "바오로, 이 책 읽어봐. 그리고 영어 공부해." 바오로는 나의 세례명이다. 수녀님은 영어가 새로운 세계를 열어줄 거라고, 만약 지금의 겹겹이 쌓인 꼬깃꼬깃하고 침침한 허물을 벗고자 한다면 새로운 세계의 문을 열어야 한다고 가르쳐주셨다. 나를 안아주던 그 따뜻함과 선물받은 책 두 권은 하류인생으로 여기던 청년의 인생을 극적으로 변화시키는 기폭제가 되었다.

《바람의 딸 걸어서 지구 세 바퀴 반》
《Man to Man 기초영어》

한비야 작가의《바람의 딸 걸어서 지구 세 바퀴 반》과 그 옛날 공부 좀 했다는 아이들은 하나씩 가지고 있던《Man to Man 기초영어》였다. 수녀님이 읽고 공부하려고 사둔 것이었다. 나는 그날 저녁부터 책을 읽어 내려갔다. 한비야 작가의 세계를 향한 도전과 놀라울 정도의 경험은 내 심장을 바쁘게 그리고 터질 듯 뛰게 만들었다. 도저히 가만히 있을 수 없었다. 당장이라도 다른 세계로 향할 공항으로 뛰쳐나가고 싶었다. 그날 밤 나는 잠을 이루지 못하고 수없이 뒤척였다.

한 사람의 변화는 아주 작은 곳에서부터 시작되곤 한다. 그게 사람을 움직일 수 있는 따뜻함과 믿음에서 시작된다면 그 빛은 더욱 찬란하다. 책 한 권에 담긴 뜨거운 용광로를 통해 나는 세계를 탐구하기 시작했고, 영어공부를 시작했다. 이때 'be동사'의 개념을 처음으로 알게 되었음을 고백한다. 다소 늦었지만 나는 대학교에서 디자인을 전공하고 또 다른 학교에서 경영학을 전공하였다. 장학금을 받을 정도로 학교에서 인재로 인정받으며 원 없이 공부하고 원 없이 세상을 경험했다. 이 책을 통해 앞으로 펼쳐질 내 경험이 결코 우연이 아니었음을 알게 될 것이다.

각종 사회활동을 하며 대학교 졸업을 앞둔 시기에 "안녕하십니까. 중앙인사위원회 ○○○ 서기관입니다. 허락하신다면 대통령 님께 추천하고자 합니다."라는 건장하고 관료적인, 목소리에 힘이 실려 있는 전화 한 통을 받았다. '중앙인사위원회'는 현재 다른 부처로 통폐합되었지만 2000년 후반까지는 3급 이상 중앙공무원을 임용하고 관리하는 정부조직이었다. 그렇게 얼마 후, 나는 청와대로 향하는 버스를 탔다. 무슨 일을 했는지 밝히기에는 어려움이 있지만, 그 당시 어린 나이였던 나는 그렇게 공직에 올라설 수 있었다.

극적인 변화는 물 흐르듯 했다. 어디에도 쓸모없었던 청년이 인생 자체의 변화를 일으켜 정부에서 일하게 되었다. 이후 중소기업에 입사해 10여 년 동안 5개국(미국, 멕시코, 인도, 베트남, 필리핀)에서 주재원 생활을 했고, 20여 개국을 여행하고 대기업을 거쳐 공직기관의 인사팀장으로 발전해오는 과정은 찬물과 더운물, 손등과 손바닥처럼 판이해지는 변화의 극과 극을 맛보게 했다.

"인생은 디자인해서 경영하는 것이다." 내가 상담해주고 있는 청춘들에게 자주 하는 말이다. 삶의 굴곡은 언제든지 있을 수 있다. 다만 그 깊이 파인 문제를 얼마나 잘 채우고 앞으로 나아갈 동력을 확보하느냐가 인생의 행복을 좌지우지할 것이다. 만약 내가 불량한 청소년기의 삶 속에서 급격한 변화의 기회를 잡지 못했다면 나는 지금 어떤 모습으로 살고 있을까? 그 삶이 과연 내가 살아야 하는 결정된 경로의 인생일까? 앞으로도 지속해서 말하겠지만 내 삶의 변화는 나만이 꾀할 수 있음을 인지해야 한다.

세상을 등지고 방황하던 청년과 수녀님의 만남, 그 속에 숨겨진 큰 꿈이 담긴 한비야 작가의 책과 Man to Man이 없었다면 지금의 내가 존재할 수 있었을까? 단언컨대, 지금의 나는 한 번의 성인聖人을 만남으로써 변화할 수 있는 생각의 품을 늘릴 수 있었다. 당신은 당신의 인생에 자극을 줄 누군가가 있는가? 지금이라도 그 성인을 찾아 밖으로 나가길 바란다. 후회 없는 인생의 전환점을 발견할 수 있을 것이다.

그래서일까? 나는 다른 엘리트 집단의 성장과정과 배움의 기회에서 쌓아온 기본적인 지식과 자기계발 설명은 지양하려고 한다. 좋은 배경, 좋은 학교, 어려운 고시에서 성공한 그들만의 이야기가 실제 우리의 인생을 변화시키는 데 어떠한 작용을 할까? 대리만족을 원하는가? 나는 그들이 말할 수 없고 경험하지 못했던 기회에서 쌓아온 통찰력으로 당신의 변화를 이끌어내고 싶다. 다소 추상적이거나 몇 가지 사건을 집중하여 다루더라도 걱정하지 않기를 바란다. 나름 검증된 것이기 때문이다. 인사팀장이 알려주는 아무도 모르는 숨은 성장의 기술을 탐닉해보길 바란다.

Tip

몸을 움직여 자신을 개선시켜라. 아무것도 하지 않으면 아무 일도 일어나지 않는다. 자신을 변화시킬 꿈을 찾아라. 인생을 바꿀 성인은 당신 주변에 있다.

1-2 넋 놓고 앉아 있을 때가 아니다

> "인생은 거짓된 상황의 끝없는 연속이다."
> 쏜톤 와일더 Thornton Wilder

"회사 다니는 네가 진짜 부럽다."

1년 전까지 베트남에서 소비재료 유통으로 큰돈을 만졌던, 갸름한 얼굴에 기름기 넘치는 파마머리를 한 잘생긴 내 친구의 입으로는 내뱉을 수 없는 말이었다. 그 친구는 학교 졸업 후 자신만의 기업을 키우는 것이 꿈이었고, 그것을 잘 해오고 있었다. 그러나 최근 심각한 경영난을 겪으며 한국에서 새로운 사업을 찾고 있었다. 마치 지독한 건기에 썩은 동물의 사체를 하염없이 찾아 헤매는 아프리카 탄자니아의 하이에나처럼 게슴츠레한 눈빛으로 나에게 하소연을 늘어놓았다.

그 친구와 요즘 만날 일이 자주 생긴다. 나야 뭐 막걸리 친구가 돌아왔으니 환영이다. 친구는 막걸리 주전자를 들어 내 잔에 주르륵 따르며 한마디 한다. "요즘 월급 따박따박 나오는 월급쟁이들이 제일 부럽다. 지옥이 따로 없어. 희망의 빛이 보이지 않는 끝없는 지옥 말이야." 나는 막걸리 사발을 막걸리가 찰랑거리는 지점에 엄지손가락을 살짝 담가 붙들어 잡고 목줄기로 꿀꺽꿀꺽 넘기고 나서 김치를 입으로 가져가며 말했다. "이런 막걸리가 위스키 되는 개소리를 듣게 될 줄이야!" 매일 아침, 정해진 시간에 일어나 샤워하고 대문을 밀고 나가 아침이슬 맞으며 말없이 만원 지하철을 타는 그 인생을 부러워한다니! 기분이 썩 좋지만은 않았다.

보통의 직장인은 집 반, 회사 반의 일상 속에서 쳇바퀴 돌리는 햄스터처럼 쉬지 않고 1mm 앞을 향해 달린다. 한 발짝도 앞으로 나아가지 못하고 앞이 어딘지도 모르고 말이다. 그래도 쳇바퀴를 열심히 돌리다보면 한 달에 한 번 월급이라는 먹이를 받고, 다음 한 달 동안 쳇바퀴를 돌릴 만한 힘을 받으니 감사할 따름이다. 그 먹이는 쥐꼬리만한 수준일 수밖에 없고, 그 이상을 준다면 주인은 햄스터가 왠지 세상이라는 이치를 깨우쳐 밖으로 도망갈 것만 같은 두려움에 휩싸인다. 자신이 살길은 딱 한 달만큼의 먹이를 주는 것이다.

체 게바라도 못한 것을 코로나가 해내는 것인가? 이것을 기쁘다고 생각해야 하는지 아니면 속으로는 '너는 평생 쳇바퀴나 굴리다가 끝내 죽으면 검정봉투에 싸여 쓰레기통에 버려질 거야.'라고 비웃고 있는 그 친구가 최종 승리자가 될지 내적 고민에 빠져든다. 그것은 친구와 나만이 알 수 있다. 처음 회사에 다니기 시작한 이래로 강산이 변했는데도 나는 아직도 쳇바퀴만 굴리고 있다는 것이 조금은 내 눈을 침침하게 만든다. 다행인 것은 쳇바퀴를 몇 번 다른 종류로 바꿔서 달려보고 있다는 것이다.

누구나 삶의 목표와 행복을 추구하는 방식은 다를 수 있다. 그러나 중요한 것은 방식이 아니라 행복을 추구하는 그 마음이다. 직장생활이라는 동물원의 케이지 또는 새장 안 쳇바퀴를 돌리는 햄스터라도 쳇바퀴를 한 바퀴 더 돌리면 행복으로 가는 길이 한 걸음 더 당겨지겠지 하는 희망을 품고 돌리는 것이다. 그렇지 않으면 햄스터는 좌절하고 쓰러지기 때문이다. 그래서 희망은 행복으로 가는 길의 길잡이와도 같다.

최근 망해가는 친구의 사업은 구멍 난 바닥에서 바가지로 연신 물을 퍼내는 망망대해의 한 척의 배를 연상케 했다. 그 배처럼 끝이 안 보이는 바다에서 덩그러니 홀로 허우적거리며 나침반도 잃고 희망도 잃어가는 친구를 보면서 나의 희망은 행복으로 이끌어줄 수 있을지 살펴보게 된다. 이렇게 시간만 보내고 있을 때인가? 좌절할 시간조차도 없다.

Tip

항상 고난은 있어왔다. 지금이 가장 힘든 것 같지만 나중에 돌아보면 쉬운 일이다. 좌절하지 말고 현실을 받아들여 앞으로 나갈 준비를 하라.

나를 보호하는
갑옷을 벗어 던져야 하는 이유

"직장은 낭만적인 곳이 아니다.
직장은 힘든 곳이다. 그래서 월급을 준다."

윤홍균

"야, 너 실력 없으면 무시당한다." 요즘 들어 부쩍 부하 직원에게 자주 하는 말이다. 그렇다고 내 실력이 출중해서 이렇게 말하는 건 아니다. 분명 사회에서 통용되는 진리가 틀림없기 때문에 이런 말을 할 수 있는 것이다. 직장은 철저하게 개인의 업무역량을 숫자로 경량화해서 보상해주는 곳이다. 정확히 말하면 나라는 인적자원을 회사라는 자본에 판매하듯 거래해야 하는 관계인 것이다.

조금 더 명확히 말하면, 우리 신체가 직장에 있는 동안의 시간과 기능을 돈으로 환산한 것이 바로 월급이다. 실력이 없다는 것은 직장 내 시간의 환산가치가 떨어진다는 뜻이다. 결국 환산된 가치는 평가오류 또는 가치없음으로 귀결되기도 한다. 이미 환산가치를 결정했다면 그 수준에 얼추 맞는 성과를 보여줘야 하는 압박에 시달리지만 모두가 그 이상의 성과를 보여주는 것은 아니다.

월급이 얼마나 오를까? 연말이 되면 모든 직장인의 화두는 내년 연봉인상률 또는 내가 적용받을 수 있는 연봉을 위한 기업의 유동성자금^{현금}이 얼마나 확보되었는가다. 내가 돈을 올려받고 싶다 한들 회사의 영업실적이 떨어졌다면 쉽지 않은 일이 되기 때문이다. 그래서 회사의 실적도 유심히 지켜봐야 한다. 경영자처럼 말이다. 내 밥값을 하기도 벅찬데 무슨 헌 신짝에 광내는 소리냐 하겠지만, 이런 것 하나하나가 모여 실력이 되는 것이고, 직장 내 시간의 환산가치를 높이는 길이 된다.

월급의 노예인지 노예의 월급인지, 당신의 가치는 실력과 밀접한 연관이 있다. 실력이 없는 당신에게 가치가 있을까? 있다면 얼마의 수준일까? 무엇을 실력이라고 말하는지 생각해볼 필요가 있다. 숫자로 명확하게 증명할 수 있는 직무가 있는 반면, 수치로 나타내기 힘든 직무도 있다. 눈으로 파악하기 힘든 실력을 우리는 어떤 자세로 받아들이고 그런 사람들과의 관계를 어떻게 유지해야 할까?

회사 내 실력 없는 사람들의 특징

1. 전화통화를 길게 한다.
2. 어딘가 바삐 움직인다. 알고 보면 별일 아님에도 그렇다.
3. 자기 생각을 말하지 않고, 다른 사람이 말한 것을 곱씹는다.

4. 옛날 얘기를 자주 한다.

5. 모든 일에 개입하지만 모든 일에 쓸 데가 없다.

6. 큰소리로 말하면서 자신이 일하고 있음을 알린다.

7. 문서 하나를 가지고 한참을 고심하고 깊이 들여다본다.

일 못 하는 사람은 시끄러울 뿐 아니라 움직이는 동선도 상당히 크다. 소위 오버액션은 일 그리고 성과라는 본질과 관련이 없다. 누가 봐도 똑 부러지게 일처리에 능숙한 사람을 보면 말이 그렇게 많지 않다는 걸 알 수 있다. 보통의 경우는 말이다. 일 잘하는 사람은 자신의 부족함을 덮기 위한 말을 만들고 과한 행동을 일으킬 시간에 일에 더 집중하고 더 창의적인 발상을 위해 고민하고 있다. 보여주기 위한 모습은 자신의 업무성과와 무관하다는 것을 분명하게 인지하고 있다.

왜 그렇게 말 많은 사람이 꼭 회사에 한 명쯤은 있을까? 전 직장에서도 말 많기로 소문이 난 C라는 만년부장이 있었다. 실력 없는 것과 말이 많은 것의 상관관계를 명확히 소명해주는 사람이기도 했다. 나는 이 사람의 인성이나 개인사를 들추어내어 매장하려는 생각은 없다. 넘은 전화를 한 번 하면 10~20분은 훌쩍 넘기는데, 잘 들어보면 무슨 말을 하고 싶은지도 감을 잡을 수 없다. 그저 자신이 알지도 못하는 모든 일이 자신과 관련이 있다는 듯, 온갖 업무를 혼자서 다 하고 있다는 듯 말하곤 했다는 것뿐.

얼핏 보면 C는 업무의 핵심인물이고 대부분의 업무는 이 사람을 통해야만 제대로 진전될 수 있다는 착각에 빠져들게 한다. 과연 그럴까? 내용을 잘 들어보면 "참, 그게 잘 안 되네요.", "잘 돼야 하는데, 잘 되면 좋겠네요."처럼 초점도 없고 목적도 뚜렷하지 않은 언어의 유희를 목격하게 된다. 사람들은 인정받기 위해 투쟁하지만, 문제는 실력 없이 인정만 받고 싶어 하는 것이다. 타인의 말에 귀 기울이기보다는 자신의 말을 강조하기 위해서 갖가지 잡상식을 총동원한다. 그렇지만 사실 대부분의 사람은 이 사람에게 관심이 없다는 재미있는 사실을 발견하기도 한다.

침묵이 때로는 중요한 언변이기도 하다. 그러나 이러한 능력을 전혀 인식하지 못하고 솔직한 자신의 의견을 말하지 못하는 반쪽짜리 직장인은 일하는 척 연기에 몰두한다. 이런 사람들의 또 다른 특징은 직장 내 생존력이 강하다는 것이다. 손으로 하늘을 가려도 햇볕은 나를 비추고 있다. 실력 없는 사람들에 대한 평가는 금방 내려진다는 것을 우리는 알아야 한다. 아무리 일 잘하는 척해도 실력은 탄로 나게 되어 있다. 대부분의 사람들은 강한 생존력이 그 사람의 특징이지 뚜렷한 업무성과로 실력을 입증하는 프로의식을 가진 사람이라고는 생각하지 않는다. 단지 그 사람의 착각일 뿐이다.

방법은 있는 것일까? 조직 내에서 일 잘하는 사람으로 통하기 위해서는 자신의 부족함을 보호하는 갑옷을 벗어던지고 부족한 부분을 인정하는 용기가 필요하다. 이러한 용기는 모자란 부분을 채워넣기 위한 몸부림을 불러일으킨다. 결국, 성장의식이 발달되어 일에 집중하게 되고, 실력향상을 위한 갖가지 자료들을 모으게 된다. 공자는 "아는 것을 안다고 하고 모르는 것을 모른다고 하는 것이 참되게 아는 것이다."라고 말했다. 처음에는 부족했을지언정 결과적으로는 실력이 향상된 자신을 볼 수 있을 것이다.

누군가를 쉽게 평가한다면 그런 사람을 멀리해야 하는 것은 분명하다. 다른 사람들의 평가는 나를 개선시킬 정도로 중요하지 않은 것들이 많기 때문이다. 나 역시 누군가를 쉽게 평가하고 있는지 살펴보게 된다. 다만, 나의 평가가 다수 사람들의 평가와 일치하는 경우에는 나름의 객관성을 갖는다. 실력 있는 직장인인지 그렇지 않은지, 나 역시도 누군가의 눈에는 평가가 이루어질 것이다. 두렵다고 생각하지 말고, 의식을 가지고 자기 일에 부족함을 채워 나가다 보면 실력은 쌓일 것이다.

"지금 내가 겪고 있는 불행은 언젠가 내가 잘못 보낸 시간의 결과다."라는 나폴레옹Napoléon Bonaparte의 말처럼, 누군가가 나를 알아주기를 바라지 말고, 내가 능력 없음을 걱정해야 한다. 미래의 결핍은 능력을 키울 시간을 헛되이 보낸 오늘의 복수이기 때문이다. 오늘도 나를 반성하며 내 할일만 한다. 나는 실력 없는 사람이 직장 내에서 얼마나 암덩어리 같은 존재이고 동료들의 업무의식을 갉아먹는지 목격해왔다. 개선될 의지가 있다면 스스로 변화를 가져야 한다. 말보다는 행동으로 말이다.

Tip

. . . .

실력 없음을 과감히 인정하고 그것을 채우기 위한 노력을 하라. 오히려 사람들
은 당신의 노력에 박수를 보낼 것이다. 그게 바로 실력이다.

'싸가지'라는 단어는
세상을 속이는 주범이다

"인생 자체는 긍정적으로, 개소리에는 단호하게!"
정문정

인간관계에 정석이 없다는 것은 분명하다. 그래서 인간관계를 어렵다고 하지 않는가. 우리는 직장 내 상하관계에서 '싸가지'라는 바르지 않은 태도와 대인관계에 대한 정의를 내려 완벽한 인간관계를 구축하기란 쉽지 않다. 인간관계는 나 혼자만 잘해서 되는 것도 아니고 상대만 잘한다고 해서 좋아지는 것도 아니다. 말 그대로 상호작용이 중요하고 얼마나 이 순간에 최선을 다하는지에 대한 공통의식이 존재해야 한다. 분명한 것은 상호존중도 중요하지만 가끔 개소리에는 단호할 필요가 있다는 것이다.

심리학자들의 공통된 견해에 따르면 사람들이 화를 내는 이유 중 가장 큰 것이 기대하지 않았던 일이 발생하면서, 예상을 뛰어넘는 상황에 자신의 스트레스 해소법으로 화를 선택하는 것이라고 한다. 각자 다른 인생들이 모여 공통의 이익을 추구하다보면 다툼이 발생하는데, 이때 골이 깊어지면 수습하지 못할 정도로 서로 상처를 주고받는다. 그게 상사이건 부하이건 상관없이 말이다.

최근, 업무와 관련해서 님과 의견충돌이 있었다. 인사팀을 이끄는 나에게 지속해서 관련 없는 업무를 시키는 것이 화근이었다. 명확한 업무분장이 존재하는데 님은 잘못된 논리로 나에게 상의하달top down 하는 게 아니겠는가! 책임질 수 없는 영역에 이르게 되는 분명한 내 일이 아니었다.

내가 일하는 곳은 공공의 이익이 사업의 주요목적인 집단이다. 일하는 자세도 다르고 일하는 이유도 다르다. 여기서 금전적 수익과 이익을 목적으로 하는 회사와의 차이를 이해해볼 필요가 있다. "나라가 못 사는 게 아니라 정부에 도둑놈이 많은 게 문제다."라는 누군가의 이 한마디가 공무원 집단과 공공기관이 일하는 목적, 모든 것을 말해준다. 일이 다소 효율성이 떨어지더라도 국가예산을 사용하는 곳은 그에 합당한 공정성을 확보해야만 국민의 3대 의무 중 하나인 '납세의 의무'를 수행하는 시민에게 책임을 다하는 것이다. 반면, 이익을 추구하는 기업은 공정성보다는 효율성을 중요하게 생각할 수밖에 없다. 이익을 창출하는 데 목적이 있는 주식회사와 공공기관의 업무는 결이 다르다.

공공기관 그들이 바보라서 굼벵이 기어가듯 일하고 머리를 스마트하게 굴리지 않는 게 아니다. 그들은 이미 우리가 상상하는 것을 초월하여 무엇이 중요한지를 파악했을 뿐이다. 이때 일을 잘했는지 못했는지는 감사를 받을 때 결정이 난다. 결국 기관의 업무는 감사를 받기 위한 업무로 귀결되어 책임소재가 분명해야 한다는 것이다. 책임을 질 수 있는 수준에서 일하게 되고, 그러다보면 자신의 업무영역 이외의 것은 손댈 필요가 없어진다. 이것이 기관이 일하는 모습이고 어쩔 수 없는 현실이다.

처음으로 다시 돌아가보자. 나는 내가 해야 할 업무 이외의 영역을 담당하라는 님의 지시를 받았다. 그러나 나는 적극적으로 그 업무가 내 것이 아니고 내가 책임을 질 수 있는 범위가 아니라고 설명했다. 처음에는 부드럽게 "설명 드린 여러 이유 때문에 제가 할일이 아닙니다."라고 확실히 했다. 며칠이 지나고 다시 그리고 세 번째로, "인사팀에서는 이 업무를 할 수 없습니다."라고 잘라 말했다. 이렇게 대놓고 말하는 내가 나도 참 싸가지 없다는 생각이 들었지만, 회사가 내 것도 자기 것도 아닌데 내가 할 말을 심장 속에 처박아 둘 필요는 없는 것 아닌가. 나는 그냥 할말을 했다고 생각한다.

요즘 들어서 나는 특별한 목표도 없고 하고 싶은 의욕도 없다. 첫 직장에 입사하기 전 면접에서 보여주었던 희망에 찬 열정과 도전정신 그리고 성장하고자 하는 욕구가 어떻게 변해왔는지를 생각해보니, 출근 전 면도거품을 바른 거울 속 내 모습이 참으로 쓸쓸해 보인다.

그저 맹목적으로 회사에 다니고 있기 때문일까? 혹은 회사에서 겪은 수많은 악성민원에 지치고 지쳐 매너리즘mannerism에 빠져 있기 때문일까? 회사에서 부쩍 큰 목소리로 상대를 압도하듯 말하고 있는 내 자신과 마주한다.

"I gotta do what I gotta do, You gotta do what you gotta do." 이것은 직장에서의 내 소신이자 내 업무 스타일이다. 싸가지 없는 게 뭐 어떤가. 나는 내 일을 하고, 당신은 당신의 일을 하면 끝이다.

그렇다. 나는 잠에서 깨어나 씻고 출근하려고 현관문을 밀고 나가는 순간, 친절하지도 상냥하지도 않게 업무와 관련된 수준의 대인관계만을 구축한 채 일에 몰입한다. 더도 말고 덜도 말고 얼굴은 창백하게 말이다. 나를 나타내는 캐치프레이즈catchphrase처럼 나는 특별히 남의 일에 신경 쓰지도 않고 뜬소문을 만들어내지도 않는다. 그만큼 다른 직원 역시 나에 대해서 어느 것도 다루지 않기를 진심으로 바라고 있다. 내 할일은 내가 알아서 하고 있으니 선을 넘지 않기를 바랄 뿐이다.

아슬아슬한 하루는 언제 마무리가 될까? 나는 하루에도 수십 번 태풍에 무너지기 일보 직전인 담벼락 위를 아슬아슬하게 걸어가는 느낌이다. 누군가가 나를 한 번이라도 흔들거나 밀치면 나는 5m 아래로 떨어질 것만 같고, 담벼락은 잔바람에도 무너질 것만 같다. 위태로운 나의 하루는 보통 직장에서 시작되고 직장에서 마무리된다. 어느 누구는 재킷 안쪽 호주머니에 사직서를 준비하고 다닌다는데, 나는 요즘 들어 그 사람의 마음을 120% 이해하고 있다.

당신의 행복과 건강의 핵심은 사람들과의 좋은 관계에서 시작된다. 그런데 그게 아는 만큼 잘 안 된다. 오늘도 출근길에 당신은 이렇게 자문한다. '이 망할 놈의 회사를 잘 다닐 수 있을까? 언제까지 다니게 될까?' 그래도 인생의 반을 살다보니 대충 감이 온다. 그 감은 어느 정도 맞아떨어질 것 같아 당신을 더욱더 외롭게 만든다. 그것은 털끝의 촉이다. 그 촉의 원천은 누적된 내면의 부채와 연관이 깊은데, 그것 역시 사람과의 관계이다. 당신이 사람에게 나쁘게 대하거나 실무적으로 문제를 일으켜 생기는 문제는 아닌 것이다.

내가 말하는 논리가 맞고 틀리고의 문제는 별개로 하더라도, 나는 이미 '싸가지 없는 놈'이 되기도 한다. 사실 싸가지 없다는 것에 정의는 모르겠지만 나는 할 말은 하는 삶을 살고 싶었을 뿐인데, 세상은 싸가지라는 이름으로 사람을 평가하는 경향이 있다. 60~70년대 군부독재 시대처럼 까라면 까는 시대는 아니라고 생각한다. 사람 대 사람으로 똑같은 수준에서 일하는 것뿐이다. 직위를 떠나 나는 그 안에 있는 맹점을 가지고 말한 것이고, 그것을 이해하지 못한다면 나를 싸가지 없는 놈이라고 부를 것이다. 상관은 없다. 인간관계에 정석이 없는 것과도 일맥상통한다. 어차피 인생은 돌고 도는 것이고, 싸가지가 밥을 먹여주지 않는다는 것을 잘 알고 있기 때문이다. 이것은 내가 몸으로 직접 경험한 세상의 이치에서 나온 결론이다. 가장 중요한 것은 내 생각의 중심이 잡혀 있는가이다. 이리저리 흔들리는 기준점 없는 리더십과 대인관계는 없느니만 못하고, 동료만 힘들게 할 뿐이다. 다른 사람의 말을 전달하는 것이 아닌 자신감을 가지고 본인의 말을 하길 바란다.

Tip

"Don't be shy." 대한민국에 1%로 부족한 것이 '싸가지'이다. 과감하고 단호하게 당신의 의견을 말하고 행동하라. 실력으로 인정받는 사회는 우리가 가야 할 길임을 잊지 말자.

능력의 70%만 일하고 얻을 수 있는 것

"삶의 진정한 목적은 행복을 찾기 위한 것이다.
우리는 모두 좀 더 나은 삶을 찾고 있다.
그러므로 우리 삶의 모습은 행복을 향한 것이다."

달라이 라마Dalai Lama

나는 평범함 속 일반적인 삶을 거부하며 살아왔다. 직장생활을 할 때도 사업을 할 때도 새로운 배움의 끈을 갈구하면서 살아왔다. 그래서일까? 뻔한 얘기를 하는 게 정말 싫다. 모두의 인생이 누군가가 제시해놓은 성공으로 가는 쾌속선을 타는 것처럼 똑같기 때문이다. 똑같은 삶이란 그저 그런 인생이 아닐까? 보람된 삶을 살 거라면 미리 짜놓은 틀 안에서, 남들이 지나온 길을 답습하는 인생에서 벗어날 필요가 있다. 이렇게 해야 자신의 온전한 삶을 사는 것 아니겠는가. 그러기 위해서는 무엇보다 도전정신이 필요하다.

학교에서 선생님이 한 시간 동안 침 튀기며 열변을 토한 후 "질문 있으면 손들어."라고 말한다. 그런데 누가 손을 들겠는가? 손을 들라고 해서 손을 들면 그게 과연 내 손일까 선생님의 손일까? 그렇게 우리는 비슷한 콩나물시루에서 살아왔다. 다른 이들과 같은 길을 가겠다는 무의식 속에 자리 잡은 내 관념은 이미 어려서부터 굳어져 온 것이다. 이 고착된 틀을 깨부수기 위해서 나를 다른 곳으로 옮길 만한 선택지가 있음을 알아야 한다.

회사라는 뻔하고 뻔한 곳, 님이 있고 동료가 있는 그곳에서 이미 해야 할 일은 정해져 있다. 나누는 대화는 이미 수년 전 내 상사가 했던 비슷한 말들뿐이다. 달라진 것은 없고 우리는 그저 쳇바퀴를 돌리고 있는 햄스터일 뿐이다. 햄스터도 저 지리산 깊은 숲속에서 살면 아름다운 삶을 살 수 있듯, 나라는 인간도 새로운 환경에서 아름다운 삶을 찾아볼 기회는 얼마든지 있다.

회사라는 전쟁터에서 우리는 터질 듯한 가슴을 부여잡고 조금만 버텨주기를 바라왔지 않은가. 때로는 의욕이 앞서 뭐든지 하고 싶어 엉덩이를 들썩거리는 후배를 보면 짜증이 나기도 한다. "좀 닥치고 앉아 있어라. 회사에 무슨 낭만이 있는 줄 아나? 힘 빼지 말고 적당히 해."라고 말하고 싶은 나도 어느덧 님이 된 듯하다. 제발 힘이 있으면 밖에 나가서 새로운 기획거리나 물어오면 좋으련만….

행복을 위한 70%

우리는 행복을 추구하며 헐떡헐떡 달려왔다. 행복해지고 싶다는 말은 지금 행복하지 않다는 뜻이고, 지금 행복하지 않다는 것은 앞으로도 행복해지기 어렵다는 뜻이다. 행복하다고 믿어야 하는 이유는 이렇게 간단하다. 그렇다면 과연 직장에서도 행복을 찾을 수 있을까? 글쎄다. 회사는 당신의 노동력과 시간을 돈으로 환산해주는 물물교환소라고 말하지 않았는가. 그래서 당신의 노력대비 돈의 가치를 평가해봐야 한다.

살기 위해서는 직장 밖으로 나가야 하는 것이 그 이유이다. 사실 회사가 원하는 능력수준이 100%라고 본다면 당신은 70%만 하면 된다. 열정에 휩싸인 신입사원 시절은 빨리 잊고 70% 수준만 유지하되 나머지 에너지는 직장 밖에서 소진하기 바란다. 회사는 내 미래가 될 수 없다는 것은 중학생인 내 조카도 깨달은 인생철학이다. 이러한 철학은 빨리 깨우치면 깨우칠수록 나에게 이득이 된다.

만약 내 몸값을 100%로 먹였다면, 회사는 나에게 120%의 노동력과 시간을 요구한다는 뜻이다. 경제논리 속에서 도둑이 따로 있는 게 아니다. 즉, 이미 회사는 나의 가치를 100에 두고 있지 않고 80% 수준에 두고 있다. 거기에 플러스알파의 혹시 모를 성과를 기대하며 나머지 20%를 추가로 해주기를 바라고 100%를 맞춘 것이다.

그렇다면 나는 회사가 원하는 나의 가치인 80%에 맞춰서 노력하고 일해주면 할 일은 다하는 것이다. 그래도 내가 배운 게 얼마인데, 공부한 대가가 얼마인데 등 조금 손해 보는 느낌 같지 않은 느낌을 더

해 10%를 더 줄여서 70%가 된다. 어차피 회사는 절대로 손해를 보지 않는다는 걸 알아야 한다. 절대로 말이다. 손해는 언제나 내가 볼 뿐이니 미안한 마음을 가질 필요는 없다.

일하는 에너지와 투입하는 역량의 양도 중요하지만, 과연 내가 70%의 업무능력을 발휘할 수 있느냐도 중요하다. 대부분의 사람은 안정적인 삶을 유지하기 위해 노후까지 일하지 않고 젊은 시절에 일한다. 노후의 안정적인 삶이란 편안한 삶이고 편안함 속에서 행복감을 유지할 수 있으니 우리의 작은 꿈은 저 멀리에 있는 듯하다.

120%	회사의 희망 기대치	
100%		내 능력 수치
80%	실제 회사의 기대치	
70%		실제 내 능력 투입

모든 기준은 100%에 맞춰 계산한다

일하지 않기 위해서 일하는 내 삶이 과연 행복을 추구하는 우리의 삶과 일맥상통할까? 지금 당장 일하지 않는다면 내가 일하는 이유였던 일하지 않는 삶의 목표를 이룰 수 있다는 결론에 이른다. 즉, 지금 당장 목표를 이룰 수 있는데 우리는 일을 해서 미래에 쉬고자 한다니, 모순이다. 그래도 일은 해야 한다, 지금 당장은. 그렇다면 내 삶을 갉아먹는 스트레스와 압박감을 느끼며 일하는 것은 지양해야 하지 않을까?

우리는 행복을 원해서 미래의 편안함을 추구한다. 보통은 공부를 통해서다. 공부하는 직장인의 시대가 지속되고 있지만, 학습하겠다는 의지를 갖추고 시작하는 직장인도 성공적인 공부에 이르는 경우는 많지 않다. 직장인이 공부를 계획할 때는 스라밸study & life balance을 염두에 두고 휴식과 여가생활, 공부의 조화를 이루는 데 중점을 둬야 한다.

언젠가 펼쳐질 내 미래를 위해서 차곡차곡 준비하는 시간을 가져보는 건 어떨까? 세상의 모든 위대한 업적들도 우리와 똑같은 하루를 차곡차곡 쌓아가면서 생겨난 것들이다. 이런 것을 단어로 표현한다면 '자기계발'이다. 자기계발 하나를 꾸준히 하면 좋다. 누군가가 한다고 해서 따라 하는 것은 의미가 없다. 책을 펴놓고 필기를 하는 것만 공부가 아니다. 이제는 자신을 성장시킬 수 있는 무언가를 찾아 회사 밖을 기웃거리는 게 필요하다.

100% 또는 120% 일하기 위해서 아등바등 살아봤자 당신의 목표는 아득히 먼 노후에 있다. 뭣하러 그때까지 기다리는가? 지금 당장 당신의 시간을 가져야 한다. 자기 능력의 70%만 님을 위해 일하고 나머지는 당신을 위해 사용하기를 바란다. 휴식과 여유를 찾는 나만의 자기계발은 우리가 평온하게 살고자 하는 미래의 목표를 앞당겨 이루도록 해줄 것이다.

Tip

당신의 진면목은 저 멀리에 있다. 에너지를 아껴 자신에게 투자하라. 당신 스스로 자리를 옮겨야 할 상황은 언젠가 찾아올 것이다.

1-6 세계는 당신의 우주다

"세계는 한 권의 책이다. 여행하지 않는 사람은
그 책의 한 페이지만 읽는 것과 같다."
아우렐리우스 아우구스티누스 Aurelius Augustinus

자극이 없으면 희망이 사라지고 성과가 떨어진다. 그래서 사람에게는 적절한 자극이 필요하다. 자극이 가해질 때 사람들은 정신의 눈을 뜨기도 하는데, 그때 우리는 또다시 달려갈 수 있는 동력을 생산할 수 있다. 이것을 '동기부여'라고 한다. 한자로는 '움직일 동動, 틀 기機'를 쓰는데, '움직여 현재의 기틀을 바꾼다'는 뜻이다. 흔히들 무언가 자극을 받았을 때 우리는 동기를 얻었다고 한다. 왜 우리는 자극이 가해졌을 때 변화의 필요성을 느끼고, 실제행동으로 그 변화를 증명해낼까?

무엇보다도 심리적 요인이 크다. 나를 객관적인 시선으로 보았을 때 어떠한지를 느낀다면 나의 변화는 지금 당장 필요하다는 것을 알 수 있다. 나를 제대로 바라보고 변화의 필요성을 확인하기 위한 좋은 방법 중 하나는 일상에서 벗어나 새로운 환경에 자신을 내모는 일이다. 다른 문화와의 충돌 속에서 갈등을 해소하는 경험은 사람에게 좋은 자극을 선물한다. 해외를 여행하고 유학하는 가장 큰 이유이기도 하다.

개인적으로 〈러브 액츄얼리〉라는 영화를 좋아한다. 처음 영화가 나왔을 때는 신선함 그 자체였지만 이제는 고전이 된 나름 괜찮은 영화이다. 내가 이 영화를 정말 사랑하는 이유는 처음과 끝 두 장면 때문인데, 바로 출국장과 입국장의 모습이다. 많은 사람들이 여행을 떠나거나 돌아온 친구, 가족, 연인을 꼬옥 껴안고 따뜻함을 나누는 그곳. "잘가!", "어서와!"라며 인사하는 모습에서 사랑이 무엇인지 전달받을 수있었다. 사람들의 얼굴은 행복하고 따뜻하고 아름답다. 사랑하는 사람을 맞이하는 모습이다.

출국장에서는 세 종류의 사람들을 볼 수 있다. 사랑하는 이를 떠나보내는 연인, 가족, 친구의 쓸쓸한 모습, 새로운 세계로 떠난다는 호기심과 희망에 가득 찬 모습 그리고 일 때문에 출장을 가는 무심한 표정의 사람들이다. 입국장은 그 반대의 세 종류의 사람들이 있는 것뿐, 출국장 사람들과 똑같다. 이처럼 공항은 사랑하는 사람이 머나면 여행을 끝내고 돌아올 때의 깊은 포옹을 보면서 사랑이 얼마나 중요한지를 체감할 수 있는 곳이다. 미지의 세계에서 돌아온 사랑하는 사람을 맞이하며 행복을 느끼는 곳이다.

52

당신과 나는 오늘도 비슷한 하루를 시작한다. 어제도 그랬고 오늘도 그렇고 내일도 그럴 게 뻔하다. 앞으로도 그럴 것이다. 얼마나 악몽 같은 인생을 살고 있는지 혼자 생각해본다. 비슷한 일상 속에서도 삶의 동기를 발견할 수 있어야 한다. 굳이 찾아 헤매고 에너지를 소비하지 않아도 된다면 얼마나 좋을까? 정말 나에게도 햇살은 비치고 있는 것인가?

사실 나는 이렇다 할 재능도 능력도 없다. 특히 복잡했던 청소년기를 겪으면서 산만했던 정신상태를 정리하기 바빴기 때문에 내 성인 시기의 마음가짐은 다른 누구보다 불안정했다. 좋은 학교에 진학하겠다는 목표의식도 없었고, 경쟁의식도 느끼지 못했다. 문제는 특별하게 얽매이지 않겠다는 생각에 인생에 대한 뚜렷한 계획도 없었다는 것이다. 앞날의 방향과 '무엇을 배워서 무엇을 해야'라는 짙은 스케치가 없었던 나는 희망찬 생활을 할 수가 없었다. 그러던 시기, 인생 처음으로 문화충격을 받은 일이 있다.

강물과 공항

대학졸업을 앞두고 처음으로 공항에 갈 일이 있었는데, 학교 내 싱가포르 문화탐방 프로젝트에 선발된 것이다. 선발된 것 자체가 운이 좋아 그저 감사한 마음뿐이었다. 당시 인천공항은 나를 압도하기에 충분했다. 공항에 도착하자 내 눈은 휘둥그레지고 입은 하염없이 벌어졌다. 실로 엄청난 규모에 사방이 통유리로 되어 있어 보는 이로 하여금 미래의 신도시에 와 있는 듯한 착각을 불러일으키기에 충분했다. 침을 흘리지 않은 게 천만다행이었다. 이렇게 큰 건물을 살아생전엔 마주할 일이 없었던 서울에 사는 촌놈이었다.

처음 해외여행을 떠나는 것이라 들뜨는 마음은 물론이고, 떠날 수 있다는 자체가 나에게 희망을 주었다. 이 땅을 떠나 어디로든 갈 수 있다는 것을 확인하는 게 해외여행이 아닐까? 어디로 떠나든 말이다. 여행의 즐거움보다는 새로운 영감을 선사해줄 것만 같은 기대감이 나를 더 행복하게 해주었다. 행복이 뭐 별거인가? 나의 가능성을 무한대로 발견할 수도 있겠다는 것 아니겠는가?

공항 안에서만큼은 어느 누구도 특별해 보이지 않는다. 모두가 다 똑같은 탑승객이고 떠날 사람들이다. 저 많은 이들이 나와 똑같이 짐을 부치고 탑승권을 끊어서 출국장을 빠져나간다. 아무리 강력한 효력을 가진 여권을 소유했다고 하더라도 스캔을 받고 출국도장을 찍는 것은 모두 똑같다. 다만 줄을 길게 서느냐 짧게 서느냐의 차이일 뿐.

그렇게 인천공항은 나에게 새로운 삶이 존재한다는 것을 믿게 해주는, 내 마음의 안식처가 되었다. 세상으로 통하는 문, 나를 세상 밖으로 보낼 수 있는 공항이 나라는 청춘에게는 꿈과 희망의 장소가 되어버린 것이다. 나는 인천공항의 모든 모습에 압도되기도 했지만, 이름 자체에서 느껴지는 설렘이 좋다. 내가 첫발을 내디딘 인천공항의 아침 분위기는 내 인생의 컬러필름이 되어주었고, 새로운 세계관을 열어주는 우주선 같은 존재가 되어주었다.

아이러니하게도 몇 년 후 나는 장기간 해외에 거주하며 생활하게 되었다. 영어 몇 마디도 제대로 못 하던 내가 다양한 국가에서 생활하게 될 줄은 꿈에도 몰랐다. 인천공항을 안방 드나들 듯했으니 인생은 참 재미있다. 한눈에 들어온 세상을 향한 희망의 전환점이 어떻게 갑자기 나타나는지 지금 생각해도 놀랍기만 하다. 그렇게 내 인생의 첫 번째 해외여행은 강렬했다.

적절한 문화자극은 가장 큰 변화를 가져온다. 지금 처한 환경에서 조금만 벗어나 본다면 새로운 자극을 받을 수 있다. 이제는 직장인이라서 해외문화 체험이 쉽지는 않지만, 그래도 가능하면 1년에 한 번은 꼭 해외로 떠나려고 한다. 새로운 환경에서 그동안 잊고 살았던, 아니 다른 문화 속에서 다른 이들에게서 새로운 자극을 받을 필요가 있기 때문이다.

일본에는 '코이'라는 잉어가 있다. 이 녀석은 어항에 키우면 10cm, 연못에 넣어 키우면 30cm도 넘게 자란다. 그리고 강에 풀어놓으면 1m까지도 자라는 걸 볼 수 있는데, 이처럼 자라는 환경이 코이의 크기를 결정짓는다. 이것이 내가 바라보는 공항이다. 나는 공항이라는 강물을 통해서 새로운 바다로, 세계로 나아가고 있었다. 싱가포르라는 해외연수 프로그램이 주는 즐거움보다는 세계로 통하는 관문인 인천공항의 웅장함과 그 속에 담겨 있는 희로애락이 나에게 준 가장 큰 철학이었다.

나는 청춘들에게 세계를 품으라고 말한다. 세계가 당신의 우주이고 당신이 품어야 할 인생이라고. 그래서 그 인생을 연결해주는 관문인 공항을 사랑하라고 말하고 싶다. 공항을 사랑하면 그곳에서 자신의 모습을 찾을 수 있고, 사람들의 모습을 관찰해보면 우주를 볼 수 있기 때문이다.

Tip

수단과 방법을 가리지 말고 넓은 세계를 탐구하라. 유학, 연수, 여행이 안 되면
〈KBS 특파원보고 세계는 지금〉 같은 관련 다큐멘터리든 뭐라도 봐라. 당신이
가야 할 미래를 볼 수 있을 것이다.

1-7　그래, 딱 1년만 기다려보자

"인내할 수 있는 사람은
그가 바라는 것은 무엇이든지 손에 넣을 수 있다."
벤자민 프랭클린Benjamin Franklin

"때려치울 거예요." 강하게 부딪힌 소주잔을 입속에 처넣을 듯한 기세로 한 잔 세차게 들이마신 후배가 던진 한마디였다. 나름 복리후생도 괜찮은 SK계열사에 다니고 있던 후배는 회사를 그만두고 경찰공무원 시험을 보고 싶다고 한다. 나는 입으로 가져오던 소주잔을 멈추고 후배에게 다가가 입을 틀어막고 헤드록을 걸었다. 지금 '공무원병'에 걸리면 나중에는 빠져나오지도 못한다. 약도 없다.

후배의 직장생활에 무슨 일이 있었을까 걱정이 앞섰다. 최근 늘어난 업무를 깔끔하게 처리해내지 못해서 자책하는 것일 수도 있고, 동료들과의 불화가 직장이라는 공동체에서 마치 내 인성에 문제가 있는가 고민하게 만드는 것일 수도 있다. 입사하는 모습도 지켜봤고, 신입사원 교육도 내가 시켰던 터라 애정이 가는 후배인데, 도움이 되지 못해 안타깝다. 아마 '왜 일은 해도 해도 끝이 없을까? 왜 죽을 둥 살 둥 일해도 성과가 없을까?'에 대한 해답을 찾지 못해서이지 않을까?

직장인들의 고민은 똑같다. 이 회사를 계속 다닐 것이냐, 아니면 이직을 할 것이냐! 고민의 빈도가 낮지만 공무원도 똑같다. 후배처럼 직장생활의 정수를 맛보고 있다 생각하지만, 정작 자신은 직장 안에서 부적응자로 취급받는 게 아닌지 자조 섞인 불만을 토로하기도 한다. 그렇지만 내가 말할 수 있다. 직장 내의 문제는 당신의 문제가 아니다. 직장 안에서 발생하는 모든 문제는 직장이 책임져야 한다.

회사에 밝히는 퇴직사유

1. 개인사유
2. 건강, 가족의 건강상 이유
3. 유학준비

진심으로 후배를 말리고 싶었다. 나는 공무원의 일에 대해서는 상당히 존중하는 편이지만, 문제는 이미 5년의 경력을 쌓은 후배가 직장을 다니면서 시험을 준비할 수 있을지가 의문이었다. 회사에 다니면서 준비하거나 퇴직을 하고 노량진으로 들어가야 하는데, 시간을 투자할 만한 가치가 있는 도전일까? "야, 네 머리로는 안 돼, 일단 회사 다녀. 병신 짓 하지 말고 딱 일 년만 더 다녀!"라고 했다. 인생의 엄청난 도전이 될 것이고, 결과는 아무도 예측할 수 없다. 나의 애정 섞인 한마디로 후배의 머릿속에서 '지금은 아니야'라는 단어가 반짝이도록 해주었다.

직장인 대부분은 이직하기 전까지 아무에게도 이직 사실을 밝히지 않는다. 이직이 확정된 후부터는 스칸디나비아 제국을 정벌하고 돌아오는 프랑스의 개선장군처럼 회사에 사직서를 제출한다. 이때 회사에 다니기 시작한 이래로 얼굴에서는 가장 밝은 광채가 난다. 갑자기 자신의 말에 힘이 실리고 자신감이 넘친다. 그런데, 이렇게 사직서를 제출하기로 마음을 먹기까지 누구에게도 밝히지 않는 진짜 이유는 무엇일까?

말하지 못한, 진짜 퇴직사유

1. 상사, 동료와의 불화
2. 회사정책에 대한 만족도 부족
3. 급여, 복리후생 불만

아무리 좋은 말을 해주더라도 님, 동료와의 불화는 어떻게 해볼 도리가 없다. 함께 있으면 괴롭고 싫은 누군가가 님이라는 이유만으로 자신을 괴롭힌다면 과연 그곳에 오래 머무를 수 있을까? 떠날 수밖에 없다. 직장에 있는 님은 왜 하나같이 '또라이'일까? 일처리 방법을 잘 알려주고 업무의 방향도 명확히 제시해서 가시적인 성과를 내는 데 도움이 되면 좋지 않을까? 물론 좋은 선배, 상사들도 많다. 공통점은 부하직원이 자신 때문에 퇴직을 고려할 정도로 자신이 또라이라는 것을 깨달았거나 그렇지 않거나 둘 중 하나다. 그중 최악은 깨닫지 못했는데 스스로는 깨달았다고 착각하는 함정에 빠지는 것인데, 그런 잔상들이 아직도 님을 또라이로 남게 하는 것이다.

1년의 준비가 평생을 좌우한다

그럼에도 불구하고 이직을 결심했다면, 나는 최소 1년은 퇴직을 위한 준비기간으로 설정하라고 말하고 싶다. 먼저 이직을 할지 공부를 할지 사업을 할지 결정해야 한다. 이런 결정은 그동안 또라이와의 다툼 속에서 어느 정도는 머릿속에서 그려져 있으니, 이제는 조금 더 구체적인 방향만 설정하면 된다.

나는 전 직장에서 이직 준비기간인 1년 동안 내 몸값의 70%의 에너지로 일하면서 이직을 준비했다. 다소 업무의 몰입도가 낮았지만, 온전히 나를 위해 회사에 출근하는 것이니 부채의식을 가질 필요는 없었다. 우선 자신이 꿈꿔왔던 직무를 재조정할 것인지, 아니면 현재의 직무를 강화해서 조금 더 넓은 무대로 진출하고 싶은지를 빠른 시간에 결정해야 한다.

나는 현재 당신이 해오던 일의 경력을 버리고 새로운 걸 선택하기를 바라지 않는다. 내 친구 한 명은 자신이 십수 년 간 해오던 전시컨벤션 일을 퇴직했다. 사무직종, 그중에서도 인사업무를 꼭 해보고 싶었다고 한다. 퇴직 후 정부지원을 받아 각종 교육과 자격증을 취득해 이직을 준비했는데 그게 말처럼 쉽지 않았다. 우여곡절 끝에 인사담당자로 이직했지만 일 년도 안 되어 퇴직을 했다. 적응이 쉽지 않았던 이유다.

이직할 정도로 연차가 쌓인 사람들은 가능하면 경력을 상세하게 설명할 수 있어야 한다. 그러나 직무를 변경한 사람은 그것을 내놓을 수가 없다. 신입도, 경력직원도 아닌 상태라면 곤란하다는 얘기다. 회사는 채용하기에 앞서 당신이 해놓은 경력에 관심을 둔다. 당신의 열정과 의지는 그다음 이야기, 당장 써먹을 수 있는 업무능력이 필요하기 때문이다. 하지만 그게 잘 안 된다는 걸 당신도 알고 회사도 안다. 말랑말랑한 두뇌를 가지고 무엇이든지 스펀지처럼 빨아들이고 받아들일 수 있는 젊은 신입사원들이 있지 않은가?

만약 직종을 바꾸고자 한다면 사무직은 추천하고 싶지 않다. 하지만 기술을 배운다면 대찬성이다. 세상에 변하지 않을 기술이 몇 가지 있으니, 그것을 잘 찾아보면 답은 쉽게 나온다. 몸이야 조금 피곤하겠지만 출근하려고 문을 나설 때 네 살짜리 막내 아이가 엉금엉금 기어 나와 "아빠~ 엄마~!" 하고 나를 부르는 모습을 그려보면, 크게 문제되지는 않을 것이다.

현재 자신이 하고 있는 업무를 강화하는 쪽을 선택했다면, 가장 먼저 해야 할 일은 이력서를 업데이트하는 것이다. 입사 때 만들어놓은 이력서를 보면 웃음이 절로 나올 것이다. 이력서의 모든 틀을 현재기준으로 바꾸고 수시로 업데이트하기 바란다. 업무일지, 각종 보고서, 이메일을 뒤져서 그동안 자신이 어떤 업무를 했는지 재정리하고 그중 돋보이는 사항을 뽑아내는 작업부터 시작하는 게 좋다.

다음으로는 어떤 회사를 목표로 할지 조금 명확하게 할 필요가 있다. 일하면서 일상의 행복을 추구한다면 단연 공기업, 공공기관이 우선으로 고려해볼 만한 대상이다. 다음으로는 대기업 정도가 될 것이다. 이중에서 자신이 뚫을 수 있겠다는 하나의 업종을 선택해서 그것에 맞추어 공부할지, 아니면 자격증 취득을 할지를 결정하면 된다. 이렇게 1년의 시간을 준비하는 것이다. 당신의 선택에 따라서 1년이라는 시간이 필요할지 아니면 2년의 시간이 필요할지는 알 수 없다. 다만, 조금 현실적이고 구체적인 목표를 세워야 함은 잊지 말아야 한다.

"애들아, 잘 있어. 나는 떠난다. 부디 생존해 있기를 바랄게!" 옆 부서 ○차장의 마지막 한마디였다. 전 직장 인사개발Human Resource Development 부서에서 근무하던 그는 어느 날 3대 대기업 본사로 직급과 연봉을 두 배 가까이 올려 받으며 이직했다. 평소 아무 내색 없이 일하던 분이었기에 모두가 충격에 휩싸였고, 남아 있던 부서원들은 오징어가 된 느낌이었다. 부럽기도 하고 짜증도 나면서, 한 번에 열 가지 이상의 자아를 발견하게 되었다.

○차장은 회사에 대한 불만이 생긴 시점부터 이직을 결심했다고

한다. 곧바로 자신의 직무를 강화하기 위해 대학원에 등록했고, 야근은 절대 하지 않았으며 회식도 갖가지 핑계를 대 빠지면서 어학원에 다닌 것이다. 경영학 석사과정과 제2 외국어를 공부하면서 이 두 가지를 강화하면 승부를 걸 수 있겠다고 판단했단다. 2년의 시간을 그렇게 이직을 위해 준비했고, 결국 헤드헌터를 통해 엄청난 대우를 받고 회사를 떠났다. 그는 다 계획이 있었다.

"즐거운 하루 보내세요!"라는 인사는 즐거운 하루를 보내고 싶다는 희망의 메시지이다. 지금도 많은 직장인이 힘겨운 하루를 보낼 수도, 활기찬 하루를 보낼 수도 있다. 중요한 것은 아직 세상은 넓다는 것이다. 해외로 나갈 수도 있고 국내의 외국계, 좋은 기업, 공공기관 등 갈 수 있는 곳은 무한대다. 자신이 현재 하고 있는 일을 강화하면 이직할 수 있고 창업까지 도전해볼 수 있다.

○차장은 2년의 시간을 준비했지만, 최소 1년 이상을 준비하면 된다. 당신의 목표를 이루고 싶다면 간절히 원해야 하고, 그래야 이 1년을 온전히 이직만을 위한 준비로 쏠 수 있다. 믿음과 진심을 담은 간절함은 동기가 되고, 동기가 약하다면 행동하고자 하는 의지도 생기지 않는다. 미래를 보고 자기계발을 확실히 하면 생각과 행동이 변하게 되어 성공에 이른다. 이직을 하건 현재의 직장에서 자신을 강화하건 사업을 시작하건, 1년의 시간을 투자하면 좋겠다. 딱 1년의 준비가 당신을 살릴 것이다.

2장

지금의 눈물은
언젠가 잘못 보낸 시간의 복수다

N잡러,
4차 산업혁명이 기회일 수밖에 없는 이유

"낙관주의자는 위기 속에서 기회를 보고,
비관주의자는 기회 속에서 위기를 본다."

윈스턴 처칠Winston Churchill

"언제 끝날까요? 이 모든 게 꿈이면 좋겠습니다." 직원월급도 제때 주지 못해 임금체불 기업이 된 이스타항공을 보니 남의 일처럼 느껴지지 않았다. 기한도 알 수 없는 무급휴업에 돌입한 중소기업, 영혼까지 끌어모은 돈으로 에어비앤비 사업을 시작한 청년의 피 섞인 목소리, 재택근무 중 해고통보를 받은 학부모, 혼돈의 시기 전쟁도 버텨낸 100년 식당의 폐업, 사업축소가 아닌 사업을 접어야 하는 상황에 봉착한 여행사들을 보면서 시대의 흐름은 만만치 않음을 직감한다.

바이러스발 4차 산업혁명의 가속화는 우리 삶의 환경을 바꿔 나가고 있다. 요즘 사람들의 가장 큰 화두는 경제위기 속에서 살아남는 방법이다. 사장이 죽을 맛이면 그와 함께 회사를 발전시키고 있는 수많은 직원의 마음은 어떠할까? 눈칫밥으로 반평생을 살아온 직원들이다. 사장이나 직원이나 똑같이 힘들 수밖에 없다. 사람들은 한 회사를 이끄는 사장이 대단한 사람이라고 생각하지만 그렇지 않다. 모든 것을 다 해결해줄 수 있고 막힌 곳도 뚫어내어 우리의 월급봉투를 안전하게 지켜줄 것으로 믿고 있지만 말이다. 사장도 해결 못 하는 것이 있는데 그것은 외부에서 불어오는 경제위기이다.

산업화 이후 우리 사회의 대전환기를 맞은 경제위기는 크게 두 번 정도 있었다. 첫 번째는 IMF^{International Monetary Fund, 국제통화기금}이고, 두 번째는 2007년 서브프라임 모기지 사태^{Subprime Mortgage Crisis}이다. 많은 기업이 파산에 이르렀고 금융기관은 더 이상의 제 역할을 하지 못해 국가는 부도가 났다. 기업이 흔들렸는데 우리 직장인들은 어떠했을까? 나는 두 번의 대형위기 속에서 몸을 움츠리기보다는 또 다른 기회의 시간과 자양분으로 활용했다. 그런데 이번은 그 수준이 다르다. 한국전쟁 이후 최고의 위기가 닥쳐왔다.

기업이 없으면 일할 사람도 필요가 없어진다. 수많은 사람이 길거리에 내몰렸다. 물론, 이 와중에도 돈이 많거나 꿀정보를 쉽게 접할 수 있었던 사람들은 경제위기가 사회를 어떻게 변화시킬 것인지 잘 인식했을 것이다. 그중에서 직업의 변천은 지속되었다. 직업의 변화는 세계정세와도 관련이 깊고 국가의 경제상황과 인프라에 따라 크게 달라진다. 우리는 매번 경제위기를 겪을 때마다 일자리의 형태도 변해온 것을 잘 안다. 특히 세대 간의 마음가짐은 시대의 대변이기도 하다.

군이 세대로 나누어본다면, 기성세대들은 대학교 졸업장만 있어도 취업은 크게 어렵지 않았던 시대를 살았다. 그러나 80~90년대에 태어난 밀레니엄 세대들은 기성세대들과 완전히 다른 세상 속에 살고 있다. 일자리 자체가 이미 포화상태에 빠졌고, 무엇보다도 일하는 이유 자체가 다르다. 기성세대는 '얼마나 많은 돈을 벌 것인가?'가 직업 선택의 기준이 되었다면, 밀레니엄 세대는 '어떤 삶을 살 것인가?'가 직업을 선택하는 기준이다. 잘 살기 위해 나는 무엇을 해야 할까에 집중한다면, 새 시대를 대비하는 우리의 자세도 달라져야 한다.

반복되는 경제위기가 가져오는 우리의 직업 변천사에 민감하게 적응할 필요가 있다. 위기 속에서도 성장과 안정 속으로 진입한 사람은 있게 마련이니까. 인간은 사회적 동물이면서도 환경에 가장 잘 적응하는 종이다. 바이러스 등을 제외한 생명체 중에 환경의 변화에 가장 잘 적응하고 생존해냈다. 우리는 이번 경제위기 이후에도 적응해내야 하는 이유가 여러 가지지만, 우리의 본능을 증명해낼 기회임은 분명해 보인다. 미래를 위한 역사적 경제흐름을 파악해 보는 것부터 시작해야 한다.

N잡러의 출현

일부 학자에 의하면 코로나 사태로 타격을 받을 직장인이 무려 200

만 명에 이른다고 한다. 이것은 추정치일 뿐 실제로 그 범위를 추산하기란 정말 어렵다. 사실 경제활동인구 2,813만 명통계청 2021.3. 상당수가 타격이 있다고 볼 수 있다. 실로 어마어마한 수치다. 이런 경제 위기 속에서 하루하루를 버티고 있을 때 무엇보다도 가장 큰 어려움은 두려움이다. 얼마나 더 기다려야 이 꽉 막히고 깜깜한 세상이 끝나는 것인지에 대한 두려움. 앞이 보이지 않는 컴컴한 돌밭을 걷는 두려움 말이다.

"2020년 12월 취업자 중 40만 명이 투잡족"통계청 2020.12. "직장인 22.1%가 '이미 투잡을 뛰고 있다', '투잡을 고려하고 있다'라는 답변은 44.7%"아시아경제 2020.8.[(1)]

우리의 답답한 현실을 보여주는 통계임이 틀림없다. 이미 직업이 있는 성인 상당수가 코로나19 사태가 길어지면서 줄어든 소득을 만회하기 위해 본업 외에 또 다른 직업을 구하고 있는 것이다. 투잡이라는 게 사실 본업 외에 자신의 재능을 살리고 약간의 돈을 버는 '취미형'이있는데 최근에는 '생계형'으로 바뀌고 있다.

함께 일하던 30대 L사원은 야간이나 주말을 이용해 대리운전을 시작했다. "회사 다니는 것도 이제는 불안합니다. 뭐라도 해야 겠어요."라는 L의 말에 고개가 끄덕여졌다. 벌써 5개월째 접어든 그는 이제야 일이 손에 익어서 쏠쏠한 수익을 올리고 있다고 한다. 많은 직장인들이 일이 줄어들고 급여도 줄어든 지금 너무 힘든 시간을 보내고 있다.

높아지는 물가와 고정적으로 지출되는 비용들을 감당할 수 없었는데, 투잡이라도 하니 그나마 가정을 유지할 수 있게 된 것이다.

이제는 직장만을 해바라기처럼 바라보며 살아갈 수 없는 시대에 들어섰다. 내 경제활동을 직장에만 의존할 수 없는 시대인 것이다. 회사도 이런 점을 인정해야 한다. 어떻게 부족한 수입을 충당해야 할까 고민이 깊어지는 하루하루를 보내야 하는 내가 싫지만 그래도 버텨야 한다. 우리는 이미 몇 차례의 경제위기를 경험하면서 회사가 내 미래를 책임지지 못한다는 것을 몸소 배웠다. 회사는 회사이고 나는 나인 것이다.

"디지털 경제의 사회적 수용이 늘어날 것[2]"이라고 경제경영 분야의 권위자인 카이스트 테크노경영대학원 이병태 교수는 말했다. 디지털 혁신으로 산업지형의 변화는 피할 수 없는 시대의 전환이다. 그것은 '디지털'이라는 이름의 컴퓨터의 역습이기도 하다. 청춘뿐만 아니라 어른들의 머릿속은 더 복잡하다. 포스트 코로나로 인한 사회변화에 적응하는 것도 벅찬데 우리가 이미 알고 있던 사회 시스템은 이제 끝을 보인다. 이미 세상이 빠르다고 말했지만, 요즘은 더 빨라졌다. 변화가 어렵게 느껴지는 이유이다. 그렇지만 용기를 갖고 따라나서야 한다.

디지털 경제는 투잡의 세계로 우리를 적극적으로 초대했다. 서울 강남의 마케팅 회사에 다니는 20대 여성 지인의 하루는 퇴근 전과 후로 나뉜다. 퇴근하기 전까지는 회사에 충성을 다하는 마케터의 모습으로 존재하지만 퇴근하면 그 모습은 180도 바뀐다. 오픈재능마켓을 활용해 명함, 로고 디자인 등을 판매하는 디자이너로 일하기 때문이다. 하나의 직업은 그것에 파생되는 N잡을 낳고, 지금은 자신의 본업에서 얻은 노하우를 엮어 공유하는 전자책을 쓴 N잡+a 작가이기도 하다.

자본력이 뒷받침되는 기업이나 개인들은 이미 변화의 시대를 준비하고 미래를 계획하고 있다. 빈부의 격차는 심해질 듯한 모양새다. 이것이 우리가 가만히 앉아만 있을 수 없는 이유이다. 불변하는 촌놈들인 우리의 마음가짐 아니겠는가. 그래서 불확실 속에서도 자신의 길을 찾아야 한다. 예측할 수 없는 세상 속에서 한 줄기 빛을 찾아 떠나는 우리에게 방향을 잡아주는 역할이 필요하다. 방향은 스스로 잡아나가고 수정할 수 있지만, 방향 없는 도전은 불확실을 가중시킬 뿐이다.

디지털과 AI로 대변되는 초격차라는 시대의 흐름 속에서 나는 어떠한 방향으로 나아가고 있는지, 사회의 변화는 어떻게 이루어지는지를 스스로 점검하지 못하면 다가올 시대에 나는 그 소용돌이 속에서 몸조차 가누지 못할 수 있다. 변화는 작은 걸음부터 시작된다. 그 작은 걸음에서 탈출의 기회가 생길 것이다. 장맛비에 휩쓸려 내려가는 양재천의 잉어처럼 주둥이만 내밀고 뻐끔거리고 있을 것인가? 아니면 힘차게 헤엄쳐 올라갈 것인가? 당신이 경험하는 지금의 위기는 당신의 능력을 보여줄 기회임을 잊지 말아야 한다.

성공 난민시대時代

> "성공의 열쇠는 관습적인 사고를 따르지 않는
> 시도를 감행하는 데 있다. 관습은 발전의 적이다."
> 트레버 베일리스Trevor Baylis

세계적인 심리학자 앨버트 엘리스Albert Ellis는 의무를 '머스터베이션Musterbation (3)'이라는 재미있는 표현으로 사용했다. 성장과정 그리고 성인이 되어서도 반드시 성공해야 한다는 강박관념을 '마스터베이션Masterbation'에 비유한 것이다. 즉, 의무가 짙어질수록 반드시 해야 한다는 강박관념에 휩싸일 수 있다는 얘기다.

사업가의 경영철학은 온데간데없고, 이것을 꼭 해야만 해서 하는 경우가 많다. 즉, 사업을 일으키고 싶고 그것이 내가 해야 할 일인 듯 말이다. 직장인의 경우는 더욱더 경직되어 있다. 이미 구성된 조직 속에서 내가 해야 하는 일은 정해져 있으니 그것을 회피할 수도 무시할 수도 없는 노릇이다. 보고서의 양식은 하나같이 다 똑같고 풍기는 냄새도 똑같다. 그것을 잘 따라야만 일을 잘하고 성공의 길로 들어설수 있다는 착각이 자리 잡혀 있다. 따라야 하는 이것이 의무라고 책무라고 말한다.

우리는 언제부터 이렇게 성공이라는 신기루를 찾아 의무감에 이끌려 다녔는가? 주어진 자율 속에서 조직이 필요한 결과물을 생산해낼 수 있으면 그것으로 내가 할일을 다한 것 아닐까? 대부분의 일상은 옳고 그름의 차이에서 결정하며 하루를 보낸다. 무언가를 해야 한다는 사고는 그것을 지켜야 한다는 '의무'를 낳게 되고, 이것은 '책임'이라는 또 다른 의무를 낳는 악순환이 되고 만다. 이제는 경직된 의무에 끌려다니는 삶은 불필요하다. 직장에서, 사업을 하는 사업가의 일에서도 의무에서 비롯된 결정과 일의 연속은 다른 사람과의 차이를 두기 힘들다.

앞으로 몇 번 더 말하겠지만, 우리의 교육 시스템은 쓰레기다. 정치라는 거품이 빠진 미래를 고민하는 전문가들이 나서야 한다. 과한 표현이지만 그렇다고 틀린 말도 아니다. 국가에서 시행하는 의무교육이나 사교육, 고등교육 모두를 포함해서 그곳에서 추구하는 목표가 무엇인지 생각해보자. 평생을 직장인으로 살아온 지극히 평범한 나는 국가교육의 목표에 대해서 정말 알다가도 모르겠다. 단순히 성공으로 안내해주는 절차인 시험문제를 푸는 수능 기능장을 매년 55만 명(2020년 54만 명) 양성하고 있다는 걸 알고 있을 뿐이다.

교육혁명이라고 불리는 대명제 앞에서 몇몇 나라는 그들 역사와 한데 어우러진 교육의 틀을 처음부터 끝까지 갈아엎고 있다. 우리는 이쯤에서 왜 소위 선진국으로 분류되는 국가들이 수백 년 동안 자신들을 먹여 살려온 기초가 되었던 교육시스템을 하루아침에 뒤엎는 것일까 생각해봐야 한다. 우리는 먼 나라 불구경하듯 그들의 움직임에 반응하지 못하고 있는 실정이다. 우리의 교육 시스템과 가장 흡사했던 일본의 경우를 보면서 우리의 현실을 되짚어볼 수 있다.

일본의 움직임

2020년 일본은 야심차게 IB^{International Baccalaureate, 국제바칼로레아}라는 교육과정을 도입했다. 메이지유신 이후 150년 동안 그들을 먹여 살려오던 주입식 교육의 개혁을 단행하고 모든 입시제도를 재정비하는 신新메이지유신이라 불리는 새로운 도전을 시작한 것이다. 그 중심에는 프랑스의 '바칼로레아^{Baccalauréat}'가 있다. 전 국민을 회사원으로 길러내는 것에서 이제는 개인 이성의 분출을 자극하고, 생각의 문을 제한하지 않는 개방형 교육방식을 택한 것이다. 더 이상 교육이라는 집단 이성의 합리화가 국가라는 회사를 먹여 살리기 힘들다고 판단한 것이다. 이젠 읽고 토론하고 생각을 나누는 교육을 해야 한다.

바칼로레아는 프랑스를 대표하는 논술형 시험이다. 시험성적에 따라 대입자격이 부여되는 입시시험으로도 볼 수 있지만, 실제로는 창의성, 협력 그리고 소통에 주안점을 두어 사회성이 높은 지성인을 만들어내는 것이 목표인 교육제도이다. 책을 읽고 토론하고, 그것에 대한 글을 쓰면서 자기 생각과 새로운 사고를 창조해내는 것이 교육의 핵심이다. 입시중심의 지식전달을 탈피하고, 학생들이 진정한 배움의 주체로 다시 태어나는 것을 목표로 한다.

사실 일본은 1870년대에 이미 서양식 교육을 기본으로 하는 학제를 갖추면서 시대의 흐름을 읽어내는 집중력을 발휘했다. 몇 번의 교육제도를 수정하면서 그들만의 성장발판을 위한 인재개발에 힘썼다. 교육을 통해서 근대화의 속도를 낼 수 있었던 것이다. 일본은 인적토양을 발판으로 산업화를 이루어내면서 주변국을 문명화 작업이라는 허울로 어떻게 착취할지를 논의하기 시작했다.

신세계를 애써 외면하던 조선이라는 나라를 일본과 다른 아시아 국가들이 그랬던 것처럼 미국이나 영국과 같은 서양의 식민지가 될 것이라는 쓸데없는 우려를 낳게 되었다. 무능했던 관리와 "세숫대야에 인사하는 것이 어찌 선비가 할 일인가?"라고 떠들며 똑바로 서서 눈곱 낀 얼굴을 씻어냈던 무능했던 사대부와 왕족들은 속수무책으로 민초들과 국가의 통치권을 빼앗기게 되었다. 이것이 일본이 말하는 '대동아공영권Greater East Asia Co-Prosperity Sphere'과 우리 근대사의 아픔이자 핵심이다.

일본은 세계와 패권다툼을 벌일 정도의 산업화를 이루어내고 국민의식을 국가를 위한 하나의 신민으로 만들어내는 데 교육이 중요했음을 인지했다. 그러한 교육을 21세기 들어 또 다른 서양식 교육방식으로 개혁한 것은 어찌 보면 150년 전 우리와 그들의 모습을 답습하는 게 아닌지 걱정된다. 그런 측면에서 본다면 우리도 이미 많은 연구가 진행되었고 시행을 앞둔 것만은 분명하다. 바보는 아닌 듯해서 조금 안심이 되지만 그 끝은 알 수 없다.

성공 난민사회

이제 성공을 다시 들여다보자. 직장에서, 사회에서, 우리가 언제부터 이렇게 성공에 목매며 살았던가! 전국이 온통 성공을 향해 경주하는 것 같다. 좋은 교육을 받아 결국 졸업장과 전문자격증을 따내고, 입사시험을 통과해 성공만을 모색했던 우리들의 모습은 십 년이 지나면 변할 수 있을까? 그때도 11월이 되면 많은 어머니들이 수능 고사장 철문을 부여잡고 "수능 만점 맞게 해주세요, 실수하지 않게 해주세요!"라고 기도하는 모습을 볼 수 있을까?

'성공'이라는 단어는 성공을 해야만 한다는 강요가 섞여 있다는 것을 우리는 알고 있다. 무조건 긍정적으로 생각하라는 것은 무의식의 노예가 되라는 뜻이듯 성공하지 못한다면 실패자이고 실패자는 낙오자라는 기저에 깔려 있는 이분법적 의미가 담겨 있기 때문이다. 어디가 성공이고 어디까지가 실패인지 명확한 근거를 제시하지는 못한다. 성공과 실패에 대한 기준이 다르기 때문이다. 그래도 이왕 세상에 태어나 한 번의 삶을 살고 있다면 성공의 기준은 모를지언정 성공에 가장 가까운 삶이라도 바라지 않겠는가? 좋은 교육을 받고 싶고, 품질 좋은 요리를 먹고 싶고, 이왕이면 더 좋은 차를 타고 싶은 게 우리의 모습이다.

때로는 규칙을 벗어나 자신의 하루를 갖는 것이 중요하다. 과연 '반드시'라는 강박관념으로 규칙적 사고를 했다면 에디슨Thomas Alva Edison은 우리에게 빛을 선물할 수 있었을까? 사피엔스의 발전은 성공만 꿈꿔서 발전해오지 않았다. 늘 새로운 것을 추구하고 더 나은 방법을 갈망해왔기 때문에 사람이 되었고 인간이 되었다. 일반적 사고에서 벗어나 자신만의 세계를 만들어낼 혁신가만이 미래사회에서 살아남을 수 있을 것이다.

최근 상하이 패션업계에서 알아주는 사업가인 지인을 만났다. 경제위기 때 국내로 대피했는데 아직도 돌아가지 못하고 있다. 그녀가 이루어놓은 다양한 사업들과 성장의 발판들은 자연의 힘 앞에서 맥도 못 추고 흔들리고 있다. 한국에 있는 몇 달 동안 그녀가 했을 수많은 고민의 흔적을 엿볼 수 있었다. 해외에서 사업하는 교민들의 생활 터전은 해외다. 한국인이지만 정작 한국에 와서는 특별히 할 게 없는, 또다시 준비하고 자리를 잡아야 하는 정착민에 불과하다.

"아직은 할 만해. 다시 시작하는 게 쉽지 않지만 다시 하지 않으면 할 게 없거든." 미소를 짓고 있는 그녀는 지금 또 다른 준비를 하고 있다. 워낙 잔뼈가 굵어서인지 지체하지 않고 다시 뛰고 있다. 해외에서의 경험을 살려 해외 네트워크가 구축된 회사의 한국 지사장 역할을 따낸 것이다. 거기에 안주하지 않고 책을 읽고 해외 마케팅과 관련한 강연을 온라인에 올리고, 국내에 거주해야만 알 수 있는 재무교육도 수시로 받고 있다. 말 그대로 어려움 속에서도 학습에 학습을 거듭하면서 새로운 성장발판을 준비하는 그녀의 모습에 입이 떡 벌어졌다.

그녀에게서 찾을 수 있는 성공으로 가는 지름길을 요약해보면 이렇다. 불가능하다고 증명될 때까지는 모든 것이 가능하다는 것이다. 결과를 직접 보기 전까지는 성공의 길이 존재한다는 것이다.

100(결국, 성공) = 50(성공) − 50(실패) + 70(성공) − 70(실패) + 100(성공)

자신만의 성공공식을 찾아야 한다

실패하지 않는 사람은 아무것도 하지 않는 사람이다. 아무것도 하지 않는 사람은 성공할 수도 없는 것이다. 우리는 어릴 때 수없이 넘어지면서 걷기의 달인이 되지 않았던가. 나는 디자인을 공부하고 또다시 경영학을 전공했다. 디자인을 할 때 처음에는 연필로 밑그림을 그린다. 그렇게 시간을 갖고 그리다보면 지우개로 지워야 할 곳을 발견하게 되고, 수없이 지우고 다시 그리는 일을 반복한다. 이때 그렸다 지우면서 그림이 완성되어 가는 것을 알 수 있다.

지속해서 성공으로 나가는 게 실패하는 것보다 성공할 확률이 높다. 결국 성공과 실패는 돌고 도는 것이고, 실패하지 않는 가장 큰 요인은 끊임없이 일어나 도전하는 자세다. "끝나기 전까지는 끝나는 게 아니다."라는 누군가의 말처럼 포기하기 전까지는 실패가 아니다. 앞에서 보았듯이 세상의 모든 공식에는 양면이 존재한다고 보았을 때, 실패하지 않았다면 우리는 성공한 것과 다름이 없다.

성공과 관련한 책은 서점에 가면 수두룩하다. 오늘도 수많은 책이 발행되고, 성공이라는 뼈다귀를 차지하기 위해 침을 흘리고 있는 수많은 민초를 위해 향기를 흘리면서 우리 앞에 나타나고 있다. 이러한 책이 도움이 되는 것은 분명하다. 그렇다고 성공공식이나 바이블이 될 수는 없다. 책이라는 것도 하나의 산업 아니던가. 산업의 핵심은 재화의 공급과 수요의 예측에서 나오는 것이고, 수요에 맞춘 MSG글루탐산소듐라는 조미료가 가득한 책도 존재할 수밖에 없다.

사회에서나 직장에서 젊은이들을 상담할 때마다 꼭 해주는 말이 있다. 기존에 나와 있는 성공공식을 버리라는 것. 당신만의 성공공식을 만들고 자신의 삶을 살기를 바란다. 자신만의 걸음걸이를 연마해야만 온전한 자신의 삶을 살 수 있다. 알다시피 성공한 사람은 그렇게 수없이 넘어지고 일어난 결과이다. 넘어지고 일어나면서 당신만의 인생걸작이 탄생하는 것이다. 직장 내 성공도 마찬가지이다.

누군가의 성공스토리를 좇아다니는 '성공난민'으로 전락하고 싶은가? 성공이라는 맹목적인 도전에 당신의 에너지와 인생을 낭비하지 말자. 자신이 얼마나 편안한 일상을 살아갈 수 있는지를 연구하는 게 더 중요하다. 성공이 목표가 되는 삶을 살고 싶은가, 아니면 성공이 뒤따르는 삶을 살고 싶은가? 자기주도적인 삶, 그것이 진정한 인생이자 성공이다. 무엇이 성공이고 실패인지 어느 누가 단정 지을 수 있을까? 아무도 말할 수 없다.

직장에서든 사회에서든 어느 곳에서든 자신만의 성공공식을 찾아야 한다. 누군가 내 귀에 대고 "성공해야 해!"라고 설탕을 뿌리더라도 더 이상 현혹되지 말아야 한다. 대한민국의 잘 정비된 교육의 틀 속에서 생산된 우리들의 모습을 보면 아직도 당신이 원하는 것은 까마득히 먼 곳에 있다. 당신만큼은 성공난민이 되지 않기를 바란다. 해외에서 살다 온 지인의 지속적인 학습을 보면서 우리의 교육은 현장에 있다는 것을 알았다.

Tip
· ·
공부나 사업 등 성공한 사람의 책을 보고 따라하지 말라. 자신의 이야기를 만들 수 있는 사람만이 그런 책을 쓸 수 있다. 바로 자신만의 성공공식이다.

급여의 노예에서 벗어날 수 있다면

2-3

> "다른 사람을 따라 하지 말라.
> 자아를 발견하여 자기 자신이 되어라.
> 당신은 이 세상에 오직 당신뿐이다."
> 데일 카네기^{Dale Carnegie}

"회사에 왜 다니세요?" 이러한 질문을 받으면 당신은 어떤 대답을 할 수 있을까? 어떤 사람은 일이 좋아서 다닌다고 하고, 어떤 사람은 돈을 벌기 위해 다닌다고도 할 것이다. 그런데 과연 얼마나 많은 사람들이 일이 좋아서라고 할까? 일에 대한 만족도가 높은 사람들은 삶의 만족도 또한 높을 것이고, 행복지수도 높아지게 마련이다.

"직장인이 직장에서 느끼는 행복지수^{BIE} 100점 만점에 47점, 2명 중 1명 이직 시도" 중앙일보 2020.11.⁽⁴⁾ 아직도 많은 직장인들의 행복지수가 나아지지 않고 있다. 번아웃^{burnout syndrome}된 경험도 70%가 넘었다는 걸 보면 직장이 있다고 해서 그것이 행복이라고 말하기는 어

82

려워 보인다. 우리가 지금의 직장을 얻기 위해서 얼마나 노력했는지를 생각해보면 배가 쓰리기만 하다.

우리는 취준생 시절, 입사하고 싶은 회사의 최대기준을 정해놓고 도서관에 틀어박혀 공부했다. 안정적인 직장, 공무원 또는 급여가 높은 회사, 즉 대기업에 입사하는 꿈을 꾸며 공부를 하다보니 부족한 것이 있는데, 바로 소명의식이다. 우선 취업부터 하기 위해 자신이 하고 싶은 일은 접어둔 채 미리 그려놓은 설계도에 따라서 공부하고 도서관을 찾는 것이다. 하고 싶은 일이 아닌 외면의 충족만을 위해 직장을 선택하려다 보니 소명의식은 떨어지게 된다.

"합격만 시켜주세요, 무엇이든 다 하겠습니다!" 우리는 면접에서 이렇게 말하지 않았는가? 얼마나 간절했는가? 입사가 확정되는 날, 설레는 마음에 밤새 침대에 누워 천장에 펼쳐진 활기차고 자신감 있는 직장생활의 모습을 그려보면서 얼마나 기뻐했는가? 그런데, 그렇게 시작한 직장생활이 주는 행복감이 고작 43.1%라니, 믿고 싶지 않은 수치임에는 틀림없다. 이 수치도 행복감이 유난히 높은 몇 개의 회사가 평균값을 높이는 데에 기여를 했을 것이니 결국, 수많은 직장인의 행복지수는 평균값보다도 한참 아래로 떨어진다.

포로(Poro)에서 프로(Pro)로 전환

수동적 직업관인지 주도적 직업관인지 하나만 선택해야 한다면 당신은 무엇을 선택할 것인가? 아쉽지만 많은 직장인들이 회사에 다니는 이유를 돈을 벌기 위해서라고 한다. 물론 돈은 중요하다. 다만, 돈을 벌기 위해 직장을 다니는 것은 우리가 살아가는 삶의 수단을 갖추기 위함이지 그것이 주된 목적이 되는 순간 삶의 의미는 상실된다는 것을 알아야 한다. 삶의 의미가 없다는 것은 자신의 일을 사랑하지 못하고, 직업에 대한 만족도는 현저하게 낮아지는 것이다.

〈직장인과 회사의 인식변화〉[5]

포로정신 관점		프로정신 관점
회사의 일원이라고 생각한다	→	회사와 협력하는 파트너라고 생각한다
조직을 위해 능동적으로 행동한다		계약에 근거하여 알맞게 행동한다
회사에서 본인의 미래를 찾아야 한다		개인의 미래는 모든 곳에 산재해 있다
위로는 님, 아래로는 후배를 챙겨야 한다		파트너십을 가지고 상호 대우한다
조직의 규정을 준수한다		프로라는 내적 기준에 따른다

직장인 대부분의 삶은 기다림의 연속이다. 아침에 출근하면 점심시간을 기다리고, 점심을 먹고 나면 퇴근시간을 기다린다. 님의 휴가일을 기다리기도 한다. 기다림이 얼마나 진이 빠지고 진력이 나는지 우리는 잘 알고 있다. 매일 같은 기다림의 연속은 직장생활의 활기를 빼앗고 심지어 노예가 되어버린다.

'노예로 살 것이냐, 주인으로 살 것이냐'는 나의 선택이라고 하지만 사실 우리의 삶 자체가 노예로 살기를 요구받는다. 우리는 한 달에 한 번 정기적으로 지급되는 월급을 받기 위해 며칠을 기다린다. 하루 하루의 일과는 월급날을 버틸 수 있게 해주는 하루짜리 마약과도 같다. 이것이 우리가 직장인으로서 살아가는 데에 느끼는 한계이다. 어느 순간 우리는 소명의식은 찾을 수 없고 월급의 노예가 되어가고 있을 뿐이다.

노벨상 수상 심리학자 파블로프I.P. Pavlov는 자신이 데리고 사는 개가 고기를 줄 때마다 침을 흘린다는 사실을 알게 되었다. 그래서 실험을 한다. 개에게 고기를 주기 직전에 종을 들고 딸랑딸랑 흔드는 것이었다. 이런 일이 반복되자 개는 종소리만 들어도 침을 흘리기 시작했다. 고기를 주지 않더라도 말이다. 우리가 알고 있는 '조건반사이론 conditional reflex'이다.

직장인도 마찬가지다. 월급을 받으면 쥐도 새도 모르게 빠져나가는 월급통장의 잔액을 보면서 또다시 한 달을 버틴다. 그렇게 우리는 한 달에 한 번 있는 월급날을 생각하며 하루하루를 이겨내고 있다. 월급날 통장에 입금된 메시지는 조건반사이론의 종소리와도 같다. 님의 칭찬도 여기에 포함될 수 있다. 월급날 맞이하는 출근길은 다른 날에 비해 가볍게 느껴지기도 한다. 마치 고기를 받아먹기 전 종소리를 들은 파블로프의 개처럼 말이다.

이왕 해야 한다면 주도적인 삶을 살기 바란다. 우리는 주도적으로 직장생활을 해야 한다. 파블로프의 개처럼 조건이 있어야만 움직이는 수동적인 직장생활은 하루를 버텨야 하는 고난의 길과도 같다. 하루를 고난하게 지낼 수는 없지 않은가? 주도적이지 못하면 자기 일에 책임감도 떨어진다. 책임감이 없으면 프로의 향기는 없어지고, 일도 못하는 포로가 된다. 포로의 삶은 지치고 힘들고 하루 또한 길다. 이때 우리는 또 다른 행복을 찾아 탈출하는 이직을 감행하기도 한다. 이렇게 평생을 옮겨 다녀도 시원치 않을 거다. 주도적 삶을 살아야 하는 이유다.

하기 싫은 것을 하면 모든 면에서 표시가 난다. 싫다는 생각이 꽉 들어찬 머리는 모든 걸 거부하기 때문이다. 아무리 책상 앞에 앉아 무언가를 끼적이고 책을 읽어도 비집고 들어갈 구석이 없게 되는 이유다. 직장이 돈벌이 수단으로만 필요하다면 고통스럽고 피하고 싶은 하루가 되는 것이다. 월급날을 침 흘리며 기다리는 모습은 내가 꿈꾸던 직장인의 모습이 아니지 않은가? 모든 게 무기력하게 되어 포기하고 싶고, 결국 나를 나락으로 떨어뜨리는 원인이 된다.

아직도 공무원 타령인가

"대학생 취업 희망 기업 1위 공사 등 공기업(22.2%), 3위 공무원 (16.5%)서울경제 2020.12.[6] 어디에서 문제가 생긴 것일까? 대한민국에서 가장 명석하다는 엘리트들이 전부 공무원 또는 공기업에 입사하기 위해 사활을 걸고 있다. 치솟는 경쟁률로 또 다른 학습자들에게 지금이 아니면 안 된다는 불안감을 가져다주며 경쟁률을 올리게 하는 악순환의 속도는 늦춰지지 않고 있다. 이것은 국가적인 손해를 떠나서 개인 자체의 삶이 건조해지기 시작하는 원인이 된다.

이제는 시대를 관통하는 시야를 가져야 할 때다. 다가오는 시대에서 공무원만큼 AI로 대체하기 쉬운 직업도 없다. 주어진 과업을 수행하는 단순한 논리 속에서 사람과의 공감능력을 통한 창의력의 발달은 쉽지 않기 때문이다. 상상력과 아이디어의 개발로 보완하고 개선된 업무를 찾아낼 필요가 없는 집단일수록 그 존재의 가치는 떨어질 수밖에 없다. 기계와 단순 비교대상이 되며, 결국 고용의 유연성과 저비용으로 대체 가능한 직종이 되고 만다.

어찌된 영문인지 전국 공무원시험 경쟁률은 상상을 초월한다. 매년 그렇다. 알을 낳기 위해 거친 물살을 헤엄쳐 올라가는 연어와도 같이 마지막으로 몸을 태우는 듯하다. 그 안정 속으로 들어가기 위해 엄청난 시간과 노력을 투자하지만, 안타깝게도 그 문턱을 넘는 사람은 지극히 일부일 뿐이다. 우리의 청춘 대부분은 결국 회사에 취직할 수밖에 없다는 얘기가 된다. 그렇다. 노량진에서 컵밥을 먹다가 결국 취업 전선으로 회항하는 사람들을 쉽게 볼 수 있는 이유다.

매슬로A.H. Maslow의 5단계 욕구 중 3단계 욕구인 '사회 소속감의 욕구'를 충족하지 못하면, 인간과 우리 사회가 얼마나 쉽게 무너지고 나락에 떨어지게 되는지 충분히 경험했다. 그래서 우리는 도전을 망설인다. 안정과 안락함이 직업을 선택하는 가장 큰 기준이 될 줄은 상상도 못 했다. 아직도 노량진 청춘들은 자신만의 꿈을 실현하기 위해 별보기 운동을 실행 중이다. 직업이 생존의 수단으로 작용되고 있다는 결과다.

이처럼 직업선택의 기준이 자신의 재능과 미래를 위한 설계에서 비롯된 것이 아닌, 단순한 생존의 도구로 생각하는 것이야말로 일에 대한 주도권을 갖지 못하는 가장 큰 원인이다. 주도권이 없는 직장생활은 활기를 띠지 못하고 소극적이고 방어적으로 일을 할 수밖에 없다. 직업의 소명의식이 없게 되는 원천은 바로 생존과 결부 짓는 잘못된 직업의식에서 비롯된다.

진정한 직업선택의 자유

모든 국민은 직업선택의 자유를 가진다. 지금과는 다르게 중세 봉건사회 신분제도에서는 직업을 선택할 때 많은 제약이 따랐다. 부모로부터 물려받는 직업은 태어나면서부터 정해져 있었고, 자신의 의사와는 관계가 없었다. 어머니의 배 속에서 태어날 때부터 백정이었다면, 한 번 백정은 영원한 백정이 되는 것과 같은 맥락이다. 그러나 오늘날 우리는 직업선택을 자유로이 할 수 있다. 이성과 사고만 가지고 있다면 말이다.

넘치는 고등교육 진학률이 과연 자신이 하고자 하는 일이 무엇인지를 찾아 헤매는 청춘들에게 직업선택의 자유, 그 본연의 의미를 누릴 수 있도록 생각을 깨워주고 있는지, 그래서 그 속에서 행복을 찾아내는 데 주도적인 움직임을 보여주고 있는지 한 번쯤 생각해볼 때가 되었다. 부족한 소명의식은 이렇다 할 성과를 만들지 못하는 장애물이 되고 만다. 이때부터 우리는 님의 눈치를 살피며 더 많은 연봉 또는 더 안정적인 직장에 희망을 걸며 어두운 뒷골목을 기웃거릴 것이다.

생존을 위해 돈을 번다고 하기에는 이미 우리 사회의 먹고사는 문제는 어느 정도 해결되었다. 아무리 적은 급여를 받더라도 금요일 저녁 치킨 한 마리와 생맥주 한 잔을 못 마시는 직장인은 없을 것이다. 결국 생존을 위한 직업선택과 높은 급여를 위해 일하는 것은 어쩌면 사피엔스이기에 가능한 욕심일 수도 있다는 얘기가 된다. 생존만을 위한 직업의 선택과 사회가 바라보는 시선을 의식한 직업의 선택은 소명의식을 갖지 못한다. 자유는 없어지고 속박된다. 자유가 줄어들면 즐거움은 사라지고, 즐거움 없는 삶은 행복하지 않다.

즐거움은 자신이 원하는 삶을 살았을 때 가능한데, 그러기 위해서는 자신이 원하는 것이 무엇인지를 파악하는 게 먼저다. 무엇보다도 자신이 원하는 걸 찾기 위한 자기결정권을 확대할 필요가 있다. 사회의 시선과 타인의 평가에 의한 직업선택은 자기결정권을 타인에게 의탁하는 것과 같다. 즉, 즐거움은 프로인지 포로인지를 가늠 짓게 할 것이다. 그것이 급여의 노예에서 벗어날 수 있는 지름길이다.

구속에서 풀려나기 위해 자신만의 시간을 갖기를 제안해본다. 취업

준비생이건 이미 일을 하고 있는 직장인이건 하루에 한 시간 또는 일주일에 하루 정도는 자신만을 위한 시간을 갖고, 현재 익숙해져 있던 장소에서 벗어나 새로운 환경에서 새로운 사람들과 대화를 해보기를 권한다. 방 안에 갇혀 지내면 지능이 떨어지고, 확 트인 자연을 바라보면 지능이 높아지는 게 당연하다. 자신에게 휴가를 부여해 바쁜 생활에서 완전히 벗어나 행복을 찾는 시간을 갖기를 바란다.

내 생각이 머무는 곳에 내 인생이 있고 현재 내가 불행하다고 생각하는 모든 것은 내가 만들어놓은 환경일 뿐이다. 누구의 탓도 할 수 없으니 내가 선택한 직장 속에서 프로로 사는지 포로로 살고 있는지부터 점검하기를 바란다. 과연 이 직장이 또는 내 미래의 직업이 나에게 즐거움을 가져다줄지, 은퇴하는 그날까지 후회 없는 삶을 살았다고 말할 수 있을지를 말이다. 앞서 말했던 직장인의 행복지수 43.1%는 과연 우리에게 무엇을 말하고 싶었을까? 나와 우리 사회 모두가 처음부터 다시 생각해봐야 한다.

Tip
• •
직장 내 프로가 되어라. 내가 개선되면 조직이 개선될 수 있다는 믿음으로 핵심인물이 되어라.

님이 원하는 'Want'가 아니라
당신이 좋아하는 'Like'를 추구하라

"20대에 당신의 얼굴은 자연이 준 것이지만,

50대에 당신의 얼굴은 스스로 가치를 만든 것의 결과다."

가브리엘 코코 샤넬Gabriel Coco Chanel

아주대학교 심리학과 김경일 교수에 따르면 비교만큼 나의 행복을 취약하게 만드는 게 없다고 한다. 비교하면서 일생을 살아왔지만 그것이 나를 피폐하게 만든다는 것쯤은 이미 잘 알고 있다. 그렇다고 반대로 나를 고집하기에도 스스로가 만족스럽지 못했다. 우리는 어려서부터 누군가와 비교하면서 살아왔다. 당신의 부모님은 만점짜리 수학 시험지를 가져왔다는 같은 반 철수 어머니의 이야기를 들으면서 마음이 편안하고 아무렇지 않았다고 말할 수 있을까?

직장인이 회사에 바라는 것은 특별하지가 않다. 대단한 욕심을 가지고 5톤짜리 눈꺼풀을 들어올리며 출근길에 오르는 것이 아니다. 그저 하루의 대부분을 보내야 하는 근무환경이 쾌적하기를 바라고, 내가 하는 일에 대한 적절한 보상이 이루어져 나라는 사람의 가치를 인정받고 싶을 뿐이다. 그러나 이렇게 소박한 우리의 희망과는 달라도 너무 다른 직장들도 있다.

나는 시장의 흐름을 파악하거나 정보교환을 위해 정기적으로 인사관리자Human Resources 모임에 나간다. 가끔 친구로부터 자신들의 회사에 관한 이야기를 들을 때, 좋은 환경과 보상체계를 가진 친구의 회사가 부럽기만 하다. 속앓이를 하면서 비교우위에 있는 친구 회사의 근무환경과 복지에 대해 검색을 하기도 한다. 선명하게 드러나는 내 조건과의 차이는 안 그래도 바닥을 뚫고 내려간 내 자존감을 실오라기 하나도 남지 않게 만든다. 그리곤 딱 1주일 동안 뜬눈으로 밤을 새우며 천천히 이력서를 업데이트한다.

회사라는 무시무시한 집단은 우리의 가치를 어떻게 취급하는 것일까? 나는 할 만큼 했지만 망할 평가점수는 올라가지도 않고, 승진도 적체되어가는 것을 보면서 '빼먹을 건 다 빼먹고 줄 건 안 주는구나.'라고 생각한다. 이력서에 희망을 걸고 더 나은 직장을 찾아 나서지만 그게 말처럼 쉽지 않다. 다시 한 번 창업을 해볼까? 무엇보다도 내가 언제든지 움직일 수 있다는 것을 회사는 잘 알고 있다. 그건 우리에게 적절한 보상을 제공하지 않는 이유이기도 하다.

직장 안에서 자아를 발견하거나 자신의 모습을 일깨운 욕망에 찬 사람들만 직장 안에 존재하는 게 아니다. 그저 최소한의 만족을 위해

다니기도 한다. 금전적 안정을 위한 돈이라는 전통적 수단이 필요하거나 일 속에서 자신의 가치를 발견하고 자아만족을 위해 직장을 찾는 것이다. 둘 중 하나에는 해당된다. 만약 이 두 개가 모두 해당된다면 당신은 행운아라고 불릴 수 있다.

헌법에 나와 있는 행복추구권이 우리의 일상 속에서 발현되기를 원하거나 우리의 삶 자체가 행복하기 위한 모든 과정이라고 본다면, 직장은 행복을 위한 수단 정도가 될 것이다. 금전수단을 발판 삼아 궁극적으로 행복한 삶을 사는 데에 필요한 요소들을 얻어낼 수 있는 곳이 직장이라면, 직장에서 행복해야 한다. 님들이 조금만 도와준다면 가능할 것 같은데 님들은 잘 안 도와준다. 일상의 소소한 행복을 직장에서도 찾고 싶지만 그게 잘 안 된다. 우아하고 고상한 백조가 알고 보니 물밑에서는 물갈퀴를 바삐 움직이듯, 우리의 일상은 행복한 모습으로 보이고 싶은 스트레스 속에서 간간이 버텨오고 있는 것은 아닐까?

코로나 때문에 크게 홍역을 치른 우리는 직장생활도 일상생활도 360도 바뀌어버렸다. 자주 만나던 친구들과의 만남은 카카오톡이나 줌zoom 회의에서 주로 이루어진다. 사람이 고팠지만 이제는 사람 없이도 일상생활이 유지된다. 즉, 혼자의 시간을 즐겨야 하고 그럴 수 있는 시대가 온 것이다. 여러 사람과 생활하면서 만화 속 주인공의 머리 위로 따라다니는 비구름처럼 우리의 복선이 되어왔던 어두운 비교의 삶은 이제 종식되어 가는 모양이다. 만약 지금의 환경이 끝나지 않더라도 분명한 것은 전보다는 나아졌다는 것이다.

혼자만의 시간은 온전한 자기만족의 기회가 되었다. 예전에는 할 시간도, 하고 싶은 생각도 없었지만 이제는 할 시간도 많고 할일도 없으니 무언가를 찾아서 하게 된다. 자신이 좋아하는 것을 시작한 것이다. 얼마 전 우리 팀원 한 명이 이상한 커피 하나를 들고 출근했다. '달고나'라고 씌어 있던 봉투였는데, 그녀는 그것을 들고 우리더러 탕비실로 따라오라고 하는 게 아닌가? 우리는 가뭄에 목마른 기린처럼 고개를 쭉 빼 들고 그녀를 따라갔다. 그녀는 달고나 커피를 티스푼으로 연신 젓기 시작했다. 시계방향으로 돌려야 한다는 말과 함께 5분이 흐르고, 우리는 달고나 커피를 맛봤다. "참 달짝지근한 게 괜찮았지만, 커피로서는 별로네."

소소한 즐거움도 직장 내에서는 잘 못 느끼는 게 우리네 회사의 흑백사진이다. 나는 며칠 전 인터넷으로 달고나 커피를 주문했다. 그날 직원이 했던 자세와 방향대로 티스푼을 연신 돌렸다. 오른쪽으로 돌리며 "맛있어져라!"라고 중얼거리며 1,000번을 저었던 것 같다. 갈색으로 변해가는 커피의 색깔이 참 고왔다. 그리고 따뜻한 물을 붓고 소파에 앉아 두 눈을 감고 그 맛을 음미했다. 정말 달고 맛있었다. 달고나는 정말 달구나. 아, 이런 게 일상의 행복인가? 만족스러운 하루를 보냈다.

사피엔스가 지구에서 먹이사슬의 가장 높은 위치에 서기까지는 몇 가지 이유가 있었다. 그중에서 으뜸은 만족하지 못하는 삐뚤어진 정신세계 때문이었다. 만족할 수 있는 장치가 약해지면서 우리는 욕심으로까지 번지게 되었다. 파괴하고 착취하면서, 결국에는 우리가 지구를 지배하는 상황에까지 이르렀다. 그러나 나는 달고나 커피 한 잔으로 만족하는 하루를 보내고 있다. 누군가가 시켜서 해야 하는 직장생활의 고단함도, 내가 좋아하는 것을 하면서 키워나가는 만족감도 결국에는 행복해야 한다.

비교와 평가 속 하루는 나를 병들게 한다. 내가 현재 어디에서 어떤 일을 하든, 얼마나 많은 교육을 받았든 상관없다. 자기가 좋아하는 것을 일상에서 할 수만 있다면, 그리고 만족할 수 있는 척도를 만들 수 있다면, 딱 그것까지만 지켜나가면 된다. 그렇게 된다면 내 삶의 만족도는 항상 최고점을 지키게 될 것이고, 나는 행복한 삶 속에서 인생의 승리자가 될 것이다.

우리는 직장이라는 사회 속에서 님이 원하는 것을 하는 하나의 유기체였다. 이제는 스스로가 좋아하는 것을 즐기면서 소소하지만 확실한 행복을 만드는 독립된 세포가 되기를 원한다. 미래에는 직장 또는 사회에서 님이 원하는 것을 하는 'Want'가 아니라 내가 정말 좋아하는 것을 하는 'Like'를 추구할 시간이기 때문이다. 직장이 내 인생을 행복하게 해주지 못한다는 건 기본적인 인생공식이다. 당장 직업을 바꾸지 못하더라도 소소한 하루의 즐거움을 찾기 바란다.

2-5 오늘을 선물이라고 부른다

"당신의 미래는 오늘 시작된다. 내일이 아니다."
요한 바오로 2세^{Pope John Paul II}

집 또는 직장에 거는 막연한 기대치가 결국 나를 실망하게 만들고 관계를 이어나가는 걸림돌이 될 수 있다. 이제는 관리자로서 자신의 감정을 관리할 수 있어야 한다. 사소한 것에 화내거나 과도하게 반응하는 일들은 내 일상에서 수없이 발생해왔다. 한 번의 폭발이나 싸움은 이미 이전부터 차곡차곡 쌓여왔던 내 감정의 평행수가 한쪽으로 기울었을 때 일어나는 연쇄반응이다. 이렇게 쌓인 감정은 어느 하나의 작은 기폭제에도 크게 폭발하고 결국 나와 상대는 상처를 받는다. 결국, 후회하는 하루가 되고 만다.

내 인격체를 저 밖의 다른 사람의 시각으로 바라보며 객관적으로 관리해내는 능력이 필요하다. 그러기 위해서는 내 삶의 관리자라고 생각하는 마음가짐이 중요한데, 주인으로서 책임감 있게 관리해야 한다는 단순한 논리다. 내 인생의 관리자가 되어 나를 경영한다면 손해 보는 일은 하지 않을 것이다. 당신이 목표를 이루기 위한 동기부여도 자신의 몫이 된다. 끊임없이 자극하고 전진하도록 나를 보살피고 관리해서 좋은 결과물을 만드는 것이 관리자로서 최고의 능력이 될 것이다.

내 인생의 주인이 되어야 하는 건 중요한 생애기준이다. 내 인생의 관리자가 된다는 것은 내 인생의 주인이 된다는 것이고, 내 인생의 주인이 된다면 내 삶의 가치를 배가할 수 있다. 책임감은 직장에서 돈을 벌어와 가족을 부양하는 것만이 아니고 가족이 평온할 수 있도록 자신을 관리하는 것도 포함된다. 막연한 기대는 독이 될 수 있음을 인지하고 나를 하나의 대상으로 삼고 잘 가꾸고 관리한다면 그 기운이 내 생활과 내가 소속되어 있는 많은 곳에 자연스럽게 전파될 것이다.

내 마음이 갈피를 잡고 흐르는 곳에 멈춤이 있다면 그 지점이 내가 있어야 할 곳이다. 나만의 일을 키워나갈 수 있는 내면의 자존감이 그곳에 있어야 한다. 그러나 그것은 지속되는 흐름으로 결국 나의 것이 아닐 것이고, 정작 내가 이루어야 할 내 자존감은 결국 남의 소유물이 되어버린다. 소유가 중요하지 않다면 그것은 내 자존감을 소유하지 않는 것과도 같다. 나는 나의 것을 갖기 위해 사람들의 시선을 의식하지 않을 나만의 내면을 찾고 싶었다. 그렇게 내 인생을 밖에서 찾아왔다. 그래서 언젠가는 삶을 내 것으로 만들고 싶다.

직장인으로 반평생을 살아오면서 무엇을 추구해왔을까? 그동안 나를 얼마만큼 사랑했는지를 백분율로 나타낸다면 몇 퍼센트쯤 될까? "야, 세상 뭐 있어? 그냥 대충 살면 돼."라는 누군가의 그 말 속에서 나의 청춘이 고단했음을 시사해준다. 주변환경은 내가 사랑할 수 있는 사람이 되지 못하도록 끌고 나갔고, 나는 그 속에서 그것이 전부인 양 세상에 도전하며 살았다. 그 속에 가능성이 존재하는 것일까? 가능성이라는 영역에서 사랑이란 나에게 맞지 않는 단어임을 인정하며 살아왔다.

내 환경은 나를 받아줄 준비가 되어 있는지 자문해본다. 나라는 사람이 과연 이전과 다른 모습으로 변모할 수 있을까? 환희에 찬 얼굴에는 윤기가 흐르고, 한 마디 한 마디에서는 사랑과 존경이 담겨, 다른 사람에게 나의 영향력을 행사할 수 있을까? 방법은 무엇일까? 고민에 고민을 거듭하여, 나를 인정하고 받아들이는 것으로 생각의 끝을 정리할 수 있었다. 나를 사랑하는 것이 나를 개선할 수 있는 제일 나은 방법이었다.

그렇다. 전 세계를 무대로 경험하면서 내가 느낀 것 중 하나는 나에 대한 사랑이 부족했던 것이 아니라, 세상에 대한 믿음이 부족했다는 것이다. 내면에는 이미 충만한 사랑이 넘쳐흐르고 있었지만 그것을 사용할 대상인 세상을 부정하고 있었고, 더 이상 나의 사랑에 상처를 주고 싶지 않았던 것뿐이었다. 사랑이 내 안에 있다면 숨겨놓지 말고 꺼내야 한다. 그 첫 번째 단계는 나의 존재를 인정하는 것이다. 그것을 통해 세상을 사랑할 수 있다면 기꺼이 그렇게 해본다.

꿈을 좇아서 실천하고 꾸준히 노력하는데도 여전히 성공하지 못하고 행복하지 않은 사람들이 있다. 무엇이 다른 걸까? 정답이 있다면 왜 그것을 말해주지 않았을까?

오늘이 내가 찾은 행복이다

직장인의 성공에 관한 진리는 세상에 이미 다 나와 있다. 답은 뚜렷한 방향을 정하고 연습과 노력을 하는 것이다. 세계무대에서 꿈을 펼쳤던 박지성이 증명했고, 은반의 주인공이 된 김연아가 알려주었다. 또한 스티브 잡스Steven Paul Jobs가 확신을 주었다. "Stay hungry stay foolish." 많이 먹고 배고픔을 달랜다고 그게 노력은 아니다. 배고픔을 느끼는 것, 그것은 무언가를 채워넣어야 하고 그러기 위해서는 노력을 해야 한다.

행복은 조금 다른 곳에 있다. 영웅이 나타나 악당을 물리친다는 내용의 애니메이션 영화 〈쿵푸팬더〉의 주인공 포는 자신이 계곡을 구할 영웅으로 지목되었지만 동료들과 스승도 그를 믿지 못했다. 그 사실을 알게 되자 포는 자신이 진정 영웅으로 거듭날 수 있겠냐는 내적 갈등에 시달리고, 그날 천년 묵은 분홍빛 복숭아나무 아래에서 축 처진 어깨로 홀로 생각에 잠긴다. 그때 자신을 영웅으로 지목한 마스터 우 그웨이가 천천히 다가와 말해준다.

"너는 너무 걱정하고 있단다.

그동안 무엇이었는지 그리고 무엇이 될지에 대해서."

"Yesterday is a history."

어제는 히스토리.

"Tomorrow is a mystery."

내일은 미스터리.

"But, today is a gift."

그러나 오늘은 기프트.

"That is why it is called present."

그래서 오늘을 프레젠트, 선물이라고 부르는 거야.

오늘과 자신을 믿어야 한다. 내 경험 모든 것이 그것을 말해주었다. 오늘은 다시 오지 못할 선물이기 때문이다. 내가 그동안 어떻게 살아왔고 어떤 사람이었는지 그리고 앞으로 무엇을 하고 어떤 사람으로 살아갈 것인지 걱정은 잠시 접어두는 것이 어떨까? 과거에 묻혀 헤어나오지 못하는 나의 모습을 바라보며 미래에 또다시 나를 묻어놓을 필요는 없다. 그동안 아침에 일어나기 싫었고, 회사 가기가 무섭고, 누군가를 믿는 것이 두려웠다. 내일도 그럴 수는 없지 않은가?

첫 직장 생활을 시작한 한국에서 3년 동안은 짜증의 연속이었다. 매일 반복되는 일상과 매일 부딪히는 사람들, 다양한 님들의 존재는 나에게 하루하루를 포기하게 했다. 나와 회사의 미래가 같지 않다는 것도 힘들게 하는 원인이었다. 그래서 나는 조금씩 밖으로 나가게 되었고 깨달음을 얻었다. 그 속에서 내가 얻은 진리는 단 하나, 하루를 믿고 받아들이는 것이다. 과거를 사는 사람이 아니고 미래를 사는 것도 아닌, 현재를 나답게 만들어나가면 미래의 행복은 보증된다.

Tip

사피엔스는 끊임없이 행복을 추구한다. 나를 사랑하는 게 나를 행복하게 하는 기본요소이다. 오늘을 믿고 당신을 믿어라. 모든 게 다 잘될 것이다.

지금 당장 지도를 펼쳐라

"모험할 용기를 갖고 있지 않다면, 무엇이 인생이란 말인가."
빈센트 반 고흐 Vincent van Gogh

퇴근길 지하철 안 풍경은 모두가 비슷비슷하다. 참 하나같이 뭔가를 그렇게 열심히 하는지 모두들 휴대폰 속으로 빨려 들어갈 모양새다. 휴대폰을 보고 흐뭇한 표정으로 영상을 보고 있는 사람들, 이것이 어떻고 저것이 어떻고 떠들고 있는 커플들, 노오란 바탕화면을 띄워놓고 메시지를 주고받으면서 찡그리고 웃으며 삼라만상의 표정을 상대에게 전달하고 있는 학생들.

다음 정거장에서 열차는 멈추고 긴 금발머리의 외국인이 탑승한다. 그 여성은 옆에 있는 한국인 중년남성과 영어로 떠들기 시작한다. 아마도 길을 묻는 것 같은데, 체크무늬 반팔 와이셔츠에 배바지를 한껏 들어 올려 입은 아저씨는 막힘없이 그녀와 대화를 이어간다. 귀를 한껏 열고 그들의 대화 속으로 빨려 들어가면서 열차 안은 조용해지기 시작한다. 그렇게 열차 안은 순간 멈춘 듯하고, 둘의 대화에 부러움을 느끼며 '나도 오늘부터 영어공부 시작해야지!' 다짐하면서 배바지 입은 아저씨를 다르게 보기 시작한다.

2000년대 초반, 싸이월드라는 SNS는 혁신적이었고, 대부분의 국민이 가입할 수밖에 없게 만드는 블랙홀과도 같았다. 싸이월드의 구조적 형태로 빗대어 부르는 진짜 이름은 미니홈페이지인데, 외국인 친구에게 "야, 나 홈페이지 있어. 여기로 일촌 등록해."라고 말하면 그들은 대단하다고 연신 떠들고는 했다. 2000년대 초반이었으니, 개인 홈페이지를 갖는 것은 나름 멋진 일이었기에 그들은 놀랄 수밖에 없었다.

그러나 어느 순간부터 싸이월드는 철 지난 겨울옷처럼 그에 걸맞은 시대의 흐름과 방향을 같이하지 못하는 듯했다. 그러더니 이제는 우리의 기억저장소 저 끝에 저장돼, 하나의 추억으로만 남아 있다. 1999년 서비스를 시작한 이래로 국내 10~20대의 막강한 사용자를 바탕으로 확산되어 2,500만 명의 가입자를 넘겼지만, 막상 더 이상의 발전이 없었던 이유는 무엇이었을까? 많은 전문가들은 싸이월드의 몰락에 대해서 저마다의 의견을 내놓았지만, 사실 그 이유는 우리만이 알고 있다. 결국 상업성을 앞세우는 모습에 염증을 느꼈을지도 모른다.

나는 싸이월드의 몰락 이유를 그 세계관에서 찾을 수 있다고 생각한다. 이미 사업의 규모를 국내에 한정하고 그 안에서 성공답안을 찾고, 나름대로 성공에 이르렀다. 인구의 밀도나 좁은 국토면적, 특히 선진화된 인터넷 환경은 우리가 다양한 채널을 이용할 수 있도록 도왔다. 소문은 빨랐지만, 인터넷은 더 빨랐던 우리 사회에서 싸이월드는 국민채널이 되기에 안성맞춤이었다. 그러다보니 국내에서 사용하는 수준에서 개발의 사이즈를 한정하게 되었고, 조금 더 넓은 아이디어는 튀어나올 수 없는 구조가 되어버린 것이다. 나는 이것이 그들이 몰락한 기본적 한계라고 말하고 싶다.

시장의 목표를 세계로 두었다면 어땠을까? 전 세계의 청춘들과 다양한 민족들이 접속하고 일촌을 맺을 수 있는 구조를 생각하며 개발의 사이즈를 늘렸으면 어땠을까? 사람들을 유입시킴으로써 다양성을 확보하는 채널이 될 수 있었을 것이고, 그 안에서 세계를 움직일 수 있었을 것이다. 나는 싸이월드의 몰락으로 아쉬운 부분은 하나도 없다. 다만 현재 우리가 사용하고 있는 페이스북이나 인스타그램보다 앞서서 빠르게 개척한 SNS 산업에서 우리의 주도권을 잃는 것을 지켜보는 게 아쉬울 뿐이다.

사람은 기본적으로 누구를 가르친다는 것에 자부심을 갖게 마련이다. 특히나 바보 같은 자신의 말 한마디에 "감사합니다!"를 연신 외치는 누군가를 보면서 말이다. 누군가에게 지식을 자랑하고 그것이 해답인 것처럼 말할 수 있는 운동장이 있으니 사람들은 넘쳐났다. 물론 검증되지 않은 정보를 관리하지 못하면서 헛소문의 발원지가 되기도 했지만 말이다. 우리의 자랑하고 싶은 심리는 몇 개의 인터넷 사업을 키워주는 원동력이 되었다. 네이버도 그중 하나다.

네이버는 싸이월드와는 대조적으로 사업에 완전히 성공했고 현재 진행 중이다. 다만 세계를 지배하지는 못했다. 아시아 몇 개의 국가에 라인Line이라는 메시지 플랫폼을 소개하고 성공적인 사업을 키워나가고 있지만, 국내에서 벌어들인 수익으로 사업을 확장하는 것이니 그리 대단하다고 보기는 힘들다. 조그만 마을의 별 볼일 없는 깡패라고 말할까? 아니면 우리의 삶 속 지식의 폭을 넓혀준 혁신적인 종합채널일까? 사실 공룡과도 같은 악당이라고 말하기도 한다. 수많은 크고 작은 기업체와 사람들로부터 그들의 코 묻은 돈까지 쪽쪽 빨아 잡수시니 말이다.

이들도 세계를 무대로 사업을 시작했다면 어땠을까? 서로의 지식을 공유하는 플랫폼이라는, 당시로서는 혁신적인 아이디어가 국내에서만 혁신으로 통했을까, 아니면 세계 속에서도 경쟁력 있는 사업이 되었을까? 사실 구글에서도 지식인과 비슷한 플랫폼이 존재했다. 다만 그것을 핵심 아이템으로 설정하지 않은 것이 차이점이다. 잘만 되었다면 지금의 구글은 네이버가 되어 있을지도 모른다. 전 세계의 사람들은 네이버를 통해서 이메일을 주고받고 유튜브 채널을 오픈하며 세계적 AI기업의 존재를 볼 수 있지 않았을까?

답답함이 느껴지는가? 아니면 변방에 선 느낌인가?

우리나라 지도를 펴보기 바란다. 부산은 저 밑에 있고 광주도 저 밑에 있는 국토를 보면서 아직 안 가본 곳이 많다는 생각에 나를 문책하기도 한다. 그러나 세계지도를 펼쳐 거꾸로 놓고 본다면 의식이 바뀌는 것은 금방이다. 태평양 연안 국가라고는 하지만 일본에 막혀 있고 대만과 중국에 둘러싸여 있는 우리의 지도를 보면서 갑갑함을 느껴보기를 바란다. 게다가 대륙으로는 갈 수도 없이 끊겨 있는 섬나라다. 조금 더 넓은 세계 속에서 경쟁해야 할 이유가 분명한 우리의 현실이다.

그런 측면에서 본다면 대우그룹을 세운 故김우중 회장은 젊은 세대들이 배워야 할 모든 것들을 이미 30년 전부터 추구하고 있었다. "세계는 넓고 할일은 많다!"라는 슬로건을 앞세워 이른바 '세계경영'을 시작했으니 말이다. 공과功過를 떠나 이점은 분명한 사실이다. 당시 일본이 장악한 전 세계의 산업시장에 끼어들 틈이 없었기에 자본의 힘이 덜 미치던 공산권 국가에서 경영의 폭을 넓혀 나갔다. 동유럽 국가와 베트남 같은 국가는 아직도 대우를 자국 브랜드로 인식하는 대중이 많은 이유이기도 하다.

자신을 키우기 위한 방법은 여러 가지가 있다. 많은 전문가들은 다양한 주제로 사람들에게 방향을 제시하고 성장하는 방법을 알려준다. 다만 실행 가능한 현실성 있는 방법들은 그리 많지 않아 보인다. 특히 자신의 경험에 비춘 성공스토리를 마치 다른 이들도 자신처럼 해야만 성공할 수 있다는 식으로 말한다. 이것은 일종의 강요이기도 하다. 성장하려는 의식을 스스로가 제어하고 조절할 수 없다면 모든 것은 쇼에 불과하다.

싸이월드의 성공과 실패, 네이버의 성공과 과도한 지배력으로 인한 패착을 경험한 우리는 세상을 어떻게 바라볼지에 대한 해답을 찾을 수 있다. 세계 속에서 작은 섬나라의 청춘으로 살아가는 것보다 조금 더 넓은 세계를 무대로 생각의 품을 넓혀나가야 한다. 나는 당장 유학하라는 이야기를 하고 있는 게 아니다. 세계를 이해할 수 있는 다양한 채널을 두고 흡수할 수 있는 마음의 자세를 열어두기를 바랄 뿐이다. 그것이 세계 속에 있다면 세계를 탐구하고 그들의 언어를 이해하는 것을 마다할 이유가 없지 않겠는가? 여행도 좋고 국내에 있는 다양한 문화탐험을 추구하거나 친구들을 사귀는 것도 현실적인 방법이다. 지금 당장 지도를 펼쳐보기 바란다.

Tip

세상은 빠르게 흐르지만, 우물 안 개구리는 아직도 존재한다. 당신의 무대는 더 큰 곳에 있다. 세계에서도 통할 아이디어인지 고민하라.

2-7 　무급휴직 100% 활용법

"도전은 인생을 흥미롭게 만들며,
도전의 극복이 인생을 의미 있게 한다."
조슈아 J. 마린Joshua J. Marine

　　　　　　코로나 사태로 출국자 수는 급감했다. 한국관광공사는 매년 외국으로 출국한 내국인의 통계를 발표한다. 코로나 이전 자료를 보면 참 많이도 나갔다는 말밖에 안 나온다. 수치를 놓고 봤을 때 한국은 이제 세계 속에 존재하는 글로벌 경제 범주에 속해 있음을 출국자 현황에서 엿볼 수 있다.

　2009년 미국발 금융위기의 여파가 줄어들고 다시금 회복세에 들어섰을 때, 나는 회사에 휴직계를 내었다. 당연히 무급이었고, 주위 사람들은 미쳤다고 했다. 복직했을 때 내 자리가 남아 있을지에 대한 불안감을 가중시킬 정도로 주변 사람들의 조언은 쏟아졌다. 동료들은 "지금은 버티는 시기야. 조금이라도 움직이면 균열이 생기고 그 균

110

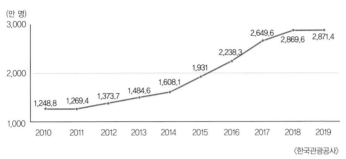

〈2019 한국관광통계〉

내국인 출국자

(만 명)

〈한국관광공사〉

열은 붕괴로 이어질 수 있어."라며 말렸다. 그 정도 조언은 누구나 생
각해볼 수 있는 지극히 평범한 조언이었다.

당시 나는 입사 3년 차였다. 내년이면 승진할 수 있는 상황이었기
에 새로운 도전은 위험할 수 있었다. 새로운 프로젝트를 맡거나 새로
운 도전을 할 경우 성과에 대한 평가 때문에 마이너스 점수를 받을 빌
미를 만들 수도 있었다. 실무를 혼자 주도적으로 처리할 수 있는 수준
에 올라 있었고, 나름 업무에 대한 주도권을 갖고 스스로 판단을 내리
고 적절한 방향을 설정할 수 있는 시기였다. 그래서 나의 무급휴직은
새로운 도전이지만 위험한 도전이기도 했다.

내 계획은 넓은 세계의 가능성과 유한성을 더 확장하고 새로운 경
험을 쌓아보는 것이었다. 세계로 나아가기 위해서는 해외에서도 통할
언어가 필요했기에 우선 영어공부를 하기로 마음먹었다. 영어를 할

수 있는 역량을 갖추어 내가 지금 하고 있는 일에 프리미엄을 더하고, 더 나은 기회를 창출하고 싶었기 때문이다.

모두가 하지 말라고 하면 그것을 하면 된다
그게 성공의 지름길이다

사업을 할 때 지속경영을 위해서는 자본금이 중요하듯 개인의 계획에서도 자금은 중요하다. 자금계획은 모든 것에서 가장 중요한 기초공사이다. 당시 나는 2년 6개월의 직장생활을 했지만 현금이 없었다. 학자금 상환이라는 대출의 늪에서 이제 막 헤어나오기 시작할 때였으니 오죽했으랴. 무엇보다 혼자 생활해야 했기에 주택임차료, 수도광열비, 식비, 비품구입비로 지출되는 금액이 생각보다 많았다.

뚜렷한 목표는 분명한 행동으로 연결됨을 몸소 느꼈다. 목표가 분명해지니 그 목표를 향해 뛰기 위한 수단들은 자연스럽게 구축되어 갔다. 학자금 대출을 갚으면서도 저녁 약속을 줄이고 생활비를 줄여서 6개월 만에 약 천만 원의 돈을 모아 내 인생에 투자할 수 있는 자본금을 확보했다. 이제 휴직만 따내면 계획했던 시간의 흐름을 따라갈 수 있었다.

휴직을 위해서는 주변 사람들의 설득과정도 중요한데 가족과 여자친구의 동의도 필요했다. 많이 배우고 좋은 급여를 받으면 해달라는 걸 다 해준다는 말로 달랬지만, 당시 여자친구는 내 도전의 중요성에는 공감했지만 현실적이지 않아 보이는 장기 무급휴직과 자신을 떠나 있어야 한다는 것에 불안함을 느꼈다. 그러나 나는 다시 고쳐먹을 수 없는 길을 떠났기에 어쩔 수 없었다. 아직 해야 할 일이 있었으니 그것을 행하기 위해서는 지금의 충동과 즐거움쯤은 참을 수 있었다.

회사를 설득하기 위해서는 좀 더 전문적으로 접근해야 했는데, 국내외 경제환경과 회사의 경영환경을 종합적으로 분석할 수 있어야 했다. 그 과정에서 팀장님과 님을 설득하는 것은 난이도가 높았다. 미국발 경제위기에서 회복되는 추세였지만, 아직도 그 여파는 많은 경영자로 하여금 조심스러운 사업을 할 수밖에 없도록 만들었다. 내실 있고 지속 가능한 성장이 필요한 기업은 인력부터 손을 댄다. 고용의 유연성은 많은 기업의 희망이자 꿈이다. 나는 이 부분을 공략했다. 몇 개월 동안의 무급휴직을 장려해서 현재의 인건비를 절약하고 그 유효자금을 경제위기를 타파하는 동력으로 삼으면 된다는 논리였다.

설득을 위해서 나름 공부를 해야 했다. 그래야 얕은 수준으로 설득력을 떨어뜨리지 않기 때문이다. 위기감 조성부터 시작했고, 휴직이 다른 직원들에게 부담이 되지 않는다는 여론전도 감행했다. 그 결과 6개월의 무급휴직을 따내었고, 중도복귀는 상황에 따라 유동적일 수 있다는 것을 회사와 나는 합의했다. 속전속결이었다. 3개월의 해외연수를 계획했었지만, 6개월의 휴직을 받은 것이었다. 6개월은 조금 긴 시간이라는 생각도 있었지만 뭐 3개월의 연수를 끝내고 조기복귀를 하면 그만이었다.

연수를 가장한 인생여행

나는 최소의 금액으로 최고의 효과를 내고 싶었다. 어떻게 해야 해외경험을 쌓으면서 영어를 개발할 수 있을까? 내가 가지고 있는 자금의 범위에서 공부할 수 있는 곳을 찾아보았고, 결국 필리핀에서 8주, 미국에서 7주 연수코스로 방향을 잡았다. 아시아 국가에서 시작하는 것은 안정감과 자신감을 가질 수가 있다. 무엇보다도 합리적인 물가가 필리핀을 선택하게 하는 주요원인이었다. 나는 이미 호주, 뉴질랜드, 영국 등 서양국가에서 나름대로 경험을 쌓았지만, 잃어버렸던 영어감각을 소환하기에 그만 한 나라는 없었다.

다른 문화와 충돌하고 극복해나가는 경험만이 나에게 새로운 자극을 선물한다고 하지 않았던가. 연수기간 동안 나는 충분한 휴식을 취하면서 낮에는 학습에 몰입해 잊혀 가던 영어의 불씨를 살려낼 수 있었다. 주말이면 세계 각지에서 온 친구들과 해변에서 물놀이를 하기도 하고, 장엄한 광경을 뽐내는 폭포도 구경했다. 한 달이 지날 쯤에는 스킨스쿠버 다이빙을 배우기도 하면서 물속 세상을 엿보기도 했다. 미리 배워둔 수영은 정말 유용했다. 당시 만난 친구들은 아직도 인연을 이어가고 있다.

사람들은 첫 어학연수 코스로 먼저 생각하는 곳이 미국이나 영국, 호주, 캐나다이다. 물론 그렇게 생각할 수 있으나 막상 가서 현지적응을 못 하고 다시금 한국인 친구들과 그룹을 이루어 또 하나의 한국을 만들어내는 경우를 많이 봐왔다. 그때 가장 많이 들리는 말이 "야 뭐 하냐? 오늘 삼겹살에 소주나 한잔할까? 애들 시간 괜찮대!"라는 말이다. 그렇게 어울리다보면 술자리도 늘고, 서로 위안이 되면서 편하기는 하지만 목표한 바를 이루지 못하는 함정에 빠지기 십상이다. 마음의 문을 활짝 열고 다양한 문화를 수용할 수 있는 능력을 먼저 기르기 바란다. 그 후 자신이 진정으로 목표하는 공부를 할 수 있고 경험할 수 있는 미국, 영국, 캐나다로 떠나는 것이다.

약속대로 나는 6개월 후 회사로 복귀했다. 그동안 만나온 여자친구는 내 거침없던 선택과 추진력에 피곤을 느꼈는지 이별을 통보했고, 회사에서 맡았던 나의 업무는 이미 다른 사람이 대체하고 있었다. 나는 다시 신입사원 시절에 하던 업무를 맡게 되었다. 한 계단 내려앉았지만 원망은 없었다. 충분히 휴양했고, 그렇게 하고 싶었던 어학연수도 했다. 그리고 평생을 이어갈 친구들도 사귀었으니 후회는 없었다.

부모님에게 경제적으로 충분한 도움을 받을 수 있는 사람이라면 곧바로 미국 유학길로 들어설 수 있을 것이다. 그러나 대부분은 그렇지 못하다. 삶을 스스로 이겨내고 경험 속으로 파고 들어가야 했다. 누군가의 도움 없이 자신의 힘으로 공부를 하고 해외경험을 쌓는다는 계획은 정말 고귀하고 멋진 도전이다. 이러한 도전과 세계를 향한 열린 마음은 우리의 청춘을 찬란하게 빛낼 수 있다.

여기에 덧붙여 무언가 하겠다는 마음을 먹었다면 바로 시행할 수 있는 용기가 필요하다. 기회는 누구에게나 언제든지 생긴다. 당신은 기회의 문턱을 뛰어넘을 생각으로 고민할 필요도 없다. 적극적이고 역동적으로 실행해서 그 문턱을 뛰어넘어, 자신의 삶을 어제와 비교할 수 없을 정도의 무한대의 우주로 진입해 보는 것이 필요하다. 가장 좋을 때라는 것은 없다. 지금이 가장 좋을 때이다. 내가 무급휴직을 100% 활용할 수 있었던 이유는 바로 지금이었기 때문이다. 그러니 지금보다 상황이 더 나아지길 기다릴 이유도 없다.

그때의 경험은 나에게 새로운 세계로 나가는 문이었고 나는 그 문을 열었던 것이다. 자신의 일상에 변화가 필요하다면 변화를 위해서 생각할 시간을 갖는 게 중요하다. 도전과 희망 그리고 발전은 자신이 어떻게 받아들이느냐에 따라 그것이 성취로 이루어질 수 있는지를 배울 수 있다. 도전과 희망은 인간의 정신을 자극한다. 우리는 그것을 돈으로 살 수 없다는 것을 잘 알고 있다. 자신이 만들어내고 찾아내는 여정을 시작함으로써 미래로 나아가는 것, 그게 희망이다.

언젠가는 지금의 경제위기 상황도 수습될 것이다. 그동안 해외로 향하는 당신의 마음은 답답함 그 자체였다. 웅크리고 있는 개구리처럼 조금만 더 버티고 미래를 계획하길 바란다. 언제 그랬느냐는 듯 모든 위기는 잊히게 되어 있으니, 언젠가는 뛰어올라 도약할 수 있도록 마음의 준비를 해놓기 바란다. 단순히 며칠 동안의 여행이 아닌 당신을 찾을 수 있는 시간을 확보해서 삶을 되돌아보고 미래를 꿈꿔야 한다. 미래에 내가 살아남을 수 있는 방법은 다른 사람과의 차별성이다. 다름이 증명될 때 나의 진면목을 보여줄 수 있다. 지금부터 준비한다면 도전의 성과는 배가될 것이다.

Tip

근로기준법상 무급휴직 기간도 재직기간에 포함된다. 복귀 후 자리가 없어질 수 있으나 노동법에서는 허락하지 않는다. 인사팀에 내편을 한 명만 만들면 모든 게 쉽게 풀린다.

3장

한 번이라도
뜨거운 무언가를 해본 적이 있는가?

3-1 심장이 터지기 전에 시작하라

"당신이 원하는 모든 것은 두려움 건너편에 있다."

잭 캔필드Jack Canfield

스티븐 스필버그Steven Spielberg 감독의 2001년 작품 〈AI〉는 당시만 해도 큰 반향을 불러일으키지 못했다. 영화 속 세상에서는 과학문명의 발달로 모든 것을 창조할 수 있다. 주인공인 하비 박사는 로봇에게 감정을 넣어 인조인간 데이빗을 만들어냈다. 데이빗은 인간을 사랑하게끔 프로그래밍되어 스와튼이라는 중년 부부의 가정에 입양된다. 영화 〈AI〉는 최초의 로봇소년 데이빗이 스와튼 부부의 아들 역할을 하며 인간사회에 적응해 나가는 휴봇Human&Robot 이야기다. 나는 이 영화 속 인물들이 가상임을 알면서도 눈물을 지었던 기억이 생생하다. 그런데 그 10년 전 영화 속 이야기가 현실로 다가왔다.

4차 산업혁명이라는 용어를 2016년부터 사용하기 시작한 다보스

포럼Davos Forum의 의장 클라우스 슈밥Klaus Schwab은 4차 산업혁명으로 인해 우리의 삶 모든 것이 바뀔 것이라고 말했다. 더욱더 안전하고 윤택해질 것이며 새로울 것이라고 말이다. 세계적 석학들이 말하는 신세계의 문은 우리 앞에 얼마나 가까이 다가와 있을까? 새로운 세상은 정말 우리를 위한 최선의 선택이 될까? 디지털을 어떻게 이용할지에 대한 해답을 찾아놓는 것이 우선이다.

"AI 로봇을 비롯한 과학기술의 혁신은 궁극적으로 더 나은 인간의 삶을 위한 것이어야 한다."(7)라고 미국 UCLA 항공학과 데니스 홍Dennis Hong 교수는 말했다. AI는 디지털 혁명을 주도하는 산업의 브레인 역할을 하고 있다. 특히 알고리즘을 이용한 스스로 생각할 수 있는 컴퓨터는 우리 삶을 통째로 바꿔놓을 것으로 예측하고 있다. 그렇다면 무엇이 어떻게 바뀌고 있을까?

얼마 전, 전북 발산초등학교에 뮤지오라는 영어학습 AI로봇을 도입했다는 신문기사(8)를 봤다. 포항 TMDCS 대안학교, 제주 무릉초·중학교, 금악 초등학교, 충북 사직초등학교에 이어 벌써 몇 번째인지 모르겠다. 선생님을 대체할 로봇의 등장에 사람들은 긴장했다. 뮤지오의 핵심은 AKA사가 자체 개발한 AI기술을 탑재했고, 딥 러닝 알고리즘을 통해서 사용자와의 대화내용을 기억해 문맥을 파악하고 대화할 수 있는 감정과 표현력을 가지고 있다는 것이다. 영화 AI 속 데이빗이 우리의 삶 속으로 들어온 것이다.

AI는 인간을 완벽하게 대체할 수 있을까? 나는 아무리 4차 산업혁명의 시대가 현실로 다가왔다고 하지만 절대로 없어지지 않을 것이 있다고 생각한다. 인간의 두뇌와 감정이 섞여 있는 언어다. AI기술이 정점에 올라섰다 하더라도 인간의 말하는 기술을 퇴화退化시킬 수는 없지 않겠는가! 인간이 이렇게 말하기까지 얼마나 많은 시간을 기다려 정립해왔는데 로봇에게 이 능력을 빼앗겨서는 안 된다. 이러한 추세라면 앞으로 컴퓨터가 다 해줄 텐데 뭣하러 공부를 해야 할까라는 의문을 가지게 마련이다.

대학시절 나는 매주 토요일 오후면 이태원 해밀턴 호텔 앞을 찾았다. 물론 지금도 그렇지만 2000년대 중반 이태원은 외국인 반, 한국인이 반인 곳이었다. 실제로 외국 속 한인타운처럼 세상을 볼 수 있는 재미있는 동네였다. 호텔 앞을 지나거나 그 앞에서 누군가를 기다리며 서 있는 외국인을 보면 슬며시 다가가서 "Can you help me? I want to study English."라고 말했다. 말을 할까 말까 입안에서만 맴돌던 암기문장이 머릿속에서 느닷없이 사라지는 경험을 여러 차례 겪은 후, 3일 만에 꺼낸 한마디였다.

사실 외국인 입장에서 보면 상당히 어색한 문구이다. 내 말을 알아들었을까? 심장이 입 밖으로 튀어나올 듯 콩닥콩닥 뛰었고, 얼굴은 막걸리를 마신 듯 홍조를 띠었다. 나는 단순히 "영어로 대화를 나누고 싶으니 잠시만 시간을 내줄 수 있어?"라고 말하고 싶었을 뿐이다. 내가 말하는 것과 그가 말하는 것을 '못 알아들으면 어쩌지?'라는, 인간이라면 누구나 느낄 만한 원초적 두려움을 경험했다. 그래도 열 명 중 세 명 정도는 웃으면서 "그래, 뭘 도와주면 좋을까?" 하면서 나에게 차근차근 질문하며 대화상대가 되어주었다.

그렇게 시작한 나의 길거리 동냥영어는 조금씩 우정으로까지 번지게 되었다. 매주 호텔 앞에 나갔으니 이제는 동네가 익숙해졌다. 환경에 익숙해지니까 조금씩 자신감이 붙었다. 이제는 외국인 친구를 사귀겠다는 최종목표를 이루기 위해 조금 오버를 했다. 짧은 길거리 대화 끝에 "너 연락처 주면 안 되냐? 그냥 너랑 친구가 되고 싶어서 그래."라고 말하면 또 세 명 중 한 명은 연락처를 적어주었다. 특이한 건 전화번호를 알려줄 것으로 기대했지만 대부분 페이스북Facebook이라는 이상한 계정을 알려준 것이다. 이것이 2005년 가을의 일이었다.

그때의 이태원과 지금은 완전히 다르다. 당시에는 낭만이 있었다면 지금은 산업이 존재하는 듯하다. 그때 사귄 다니엘이라는 친구는 캐나다에서 온 여성이었다. 한국에 영어 선생님으로 왔는데, 입국한 지 1주일도 안 돼서 나를 만났으니 내가 그녀의 첫 번째 한국인 친구가 된 셈이었다. 나는 영어문법이 약했기 때문에 그녀와의 교류를 통해서 영어로 말할 수 있는 사람으로 변모했다. 1년 후 다니엘은 호주로 여행을 떠났다.

지도 밖에서 부활을 꿈꾸다

호주는 부모님의 도움 없이 세계를 경험할 수 있는 가장 현실적인 대안이었다. 2006년은 호주, 캐나다, 영국에서 워킹홀리데이 프로그램이 생소했던 시기라서 사람들이 잘 몰랐다. 교민도 얼마 없었다. 1년에 딱 5,000명에게만 기회가 주어졌으니 나름의 준비를 하지 않으면 비자를 받지 못하는 경우도 생겼다. 그동안 철저한 준비를 했던 나는 나름의 절차를 통과해서 무난하게 비자를 받을 수 있었다. 그렇게 떠난 호주는 이태원 길거리 동냥영어와는 다른 신세계를 열어주었다.

비행기를 보기만 해도 "우와~!" 하고 소리쳤던 시대에 나 역시 촌놈이었고, 세계는 지도 속에나 존재하던 상상 속의 영역이었다. 그런데 호주 멜버른에서 다니엘을 다시 만났다. 한국을 떠난 그녀는 호주 멜버른에 자리 잡은 후 커피숍에서 일하고 있었다. 호주에 대한 정보가 없었기 때문에 나는 이미 정착해 있던 다니엘의 도움을 받았다. 한국에서의 인연이 해외에서 확인되는 순간, 서로의 신뢰는 실로 폭발적이었다. "My brother, Han." 그녀는 내 곁에 항상 붙어 있었고 늘 챙겨주었다. 친구들과 셰어하우스에서 살았던 그녀는 나도 당분간 그곳에서 지낼 수 있도록 해주었다.

다니엘은 나를 친오빠처럼 여겼고, 함께 많은 시간을 보냈다. 친구들의 파티에 참석하면서 나는 그들의 문화 속으로 빠져들었다. 같은 방을 쓰는 영국에서 온 축구라면 사족을 못 쓰던 녀석이 내가 자고 있는 것을 알면서도 여자친구를 데려와 애정행각을 벌이는 것을 목격하는 문화적 충격도 겪었지만, 그때의 적나라한 문화 속 체험은 다양한 사고를 하게 하는 중요한 요소가 되었다. 다니엘과 연락 안 하고 지낸 지 10년이 다 되어 가지만 언젠가는 다시 만나지 않을까?

아시아, 중남미 국가를 거쳐 마지막으로 미국 텍사스에서 인사 및 회계 책임자로 근무할 당시, 그래도 내 생각을 남에게 전달할 수 있는 수준의 영어로 의사소통은 할 수 있었다. 그래서 주재원으로 선발되지 않았을까? 열심히 쌓아놓은 노력의 결실은 언젠가는 자신에게 돌아온다는 격언이 실감 났다. 다니엘과 호주에서의 경험이 큰 역할을 했다. 물론 중간에 공백으로 거의 다 잊어버렸지만, 소통은 가능했다.

반면, 주재원으로 함께 나간 기술을 가지고 있는 다른 부서 팀장급 몇 명은 영어를 전혀 하지 못했다. 예나 지금이나 기술과 외국어 두 가지를 잘하는 사람은 귀한 대접을 받았다. 그들은 전문통역인, 그리고 나를 통해서 현지인과 소통하면서 업무를 이어갔지만, 성에 차지 않는 게 당연했다. 자신이 하고자 하는 말은 자신만 100% 이해하고 있기 때문이다. 얼마나 답답했겠는가. 마음의 문을 닫게 되고, 소심해지고, 능력이 떨어진다는 자책 속에서 어느 날 폭발하게 된다. 여기에서 요점은 얼마나 답답하겠느냐이다. 글로벌은 말로 하는 게 아니고 내가 주체가 되는 것이다. 소통의 문제는 수많은 사건을 야기시켰다.

어느 날 타부서 팀장 한 명은 현지직원이 거짓말을 한다고 큰소리를 쳤다. 미국인 직원은 오해가 있다며 최선을 다해 설명하려고 했으나 그게 잘 안 되었다. 고압적인 한국인의 태도에 짓눌린 현지인은 어떤 마음이 들었을까? 예전 한국땅에 상륙한 미군, 소련군, 중국군, 일본군의 예로 들어보자. 한국인들이 자신들의 말을 못 알아듣는다고 노예취급을 한다면 그게 과연 맞는 이치일까? 그렇다. 그런 일은 해외 사업장에서 자주 발생한다. 나는 이런 일들을 여러 나라의 사업장에서 수없이 겪었다.

외국어를 할 수 있는 환경에 노출하라

나는 해외유학을 한 적도 없고, 그럴 만한 형편도 아니었지만 왜 정치인들이 미국을 욕할지언정 자기 자식들은 그 나라로 유학을 보내는지는 이해가 된다. 첫 번째는 세계 속에서 더 넓은 것을 보고 느끼기를 바라는 것이고, 두 번째는 외국어라도 해주기를 바라는 것이다. 아이가 아무리 바보라고 해도 두 번째의 소기목적은 달성할 수 있으니 승률은 50:50 아니겠는가. 해외로 유학을 보내지 않을 이유가 없다. 최소한 영어는 한국에서 공부한 우리보다는 잘할 것이니 말이다. 혹자는 다 그렇지는 않다고 하지만, 마약을 해도 그게 뭔지를 알고, 술을 마셔도 그게 뭔지는 알지 않겠는가.

순수 국내파가 외국어 공부를 하기는 쉽지 않다. 영어는 언어이고 누군가와 소통할 수 있는 환경이 뒷받침되어야 한다. 그러나 우리는 어려서부터 주입식 교육으로 시험지를 풀어내기 위한 연습은 잘 되어 있지만, 실제로 그 학문이 필요로 하는 핵심과는 동떨어진 교육 속에서 살아왔다. 영어를 잘해보고 싶다는, 속이 시원하게 외국인과 대화를 해보고 싶다는 생각 자체가 쉽지 않은 국가에 살고 있는 것이다.

"틀리면 어때? 지금 틀려서 한마디를 못 하면 앞으로는 더 틀릴 거야." 나는 영어를 사용할 기회가 생기면 한마디라도 더 해보려고 부단히도 노력한다. 영어를 잘해서라는 부러움 섞인 비아냥은 중요하지 않다. 사회모임 또는 친구를 만날 때는 종종 외국인 친구도 불러낸다. 외국인 친구는 한국 속에서 새로운 경험을 쌓을 수 있어 좋고, 한국인 친구는 외국인과 소통해볼 수 있는 기회이기 때문이다. 이때 나는 주로 영어로 대화하려고 애를 쓴다. 다시 말하지만, 영어를 잘해서 말하는 게 아니라 잘하고 싶은 마음에서 나오는 용기일 뿐이다. 언어는 듣고 말해야 그 본연의 가치가 존재한다.

2018년 도쿄, 2019년 워싱턴에서 있었던 정부 주최 '세계한인청년컴퍼런스'에 다녀왔다. 2박 3일 동안 전 세계에 거주하는 한인청년들이 한자리에 모여 경제·사회·외교·통일 문제를 논의하는 자리였다. 나는 이 시간을 영어를 써볼 좋은 기회라고 생각했고 내내 영어로만 소통해보려고 했다. 함께 간 동료들은 이런 나를 잘난 척한다면서 못마땅해했다는 걸 잘 알고 있다. 그래도 나는 잊어버리고 있는 영어의 불씨를 살려내고 싶었다. 좋은 기회는 항상 활용했을 때 그 의미가 있다는 것을 알았기 때문이다.

예전에 TV 다큐멘터리 프로그램에서 멋진 아저씨를 보았다. 서울에 있는 한 아파트의 경비원이었는데, 아저씨는 가방끈이 짧은 것을 평생의 한으로 안고 살았다. 그러다보니 현장에서 주로 일을 하셨고, 그다지 풍요롭지 못한 인생을 산 것이다. 어느 날 아파트 앞에서 서성이는 외국인과 마주쳤는데, 영어를 단 한 마디도 못 하는 자신의 모습이 너무 바보 같았다고 자책했다.

아저씨는 그날로 가까운 서점에 가서 가장 얇은 두께의 영어사전을 구입했고, 매일 틈만 나면 단어를 외웠다. 그냥 단어만 외웠고 그렇게 10년의 세월이 흐른 지금 아저씨는 영어로 외국인과 소통을 한다. 한 대학교 교수가 아저씨를 자신의 특강에 초대했는데, 외국인과 그룹 미팅을 시켰더니, 대학교 3~4학년 학생들보다 영어를 더 잘했다. 그렇다. 우리는 해외유학을 못 해서 외국어를 못하는 게 아니다.

4차 산업혁명은 우리가 알고 있는 수준을 뛰어넘는 엄청난 변화를 몰고 올 것이라고 전문가들은 말한다. 그래도 변하지 않을 불변의 법칙 속에 핵심은 나의 내면에 있다. 세상이 아무리 좋다고 해도 무언가의 도움으로 살아가는 데는 한계가 있을 것이다. 그것은 언어다. 내 입으로 곧바로 말하고자 하는 신속성의 욕구는 발산초등학교에 보급되는 뮤지오도 해결해줄 수 없다. 영어를 해서 외국인과 직접 대화하는 게 얼마나 속이 시원한지 아는 사람만 안다. 속이 시원함은 내가 하고자 하는 말을 컴퓨터 또는 다른 사람의 입을 빌리지 않고도, 언제 어디서나 원하면 얼마든지 할 수 있다는 말이다.

디지털에 의존하는 노예가 될 수 있다. 아무리 4차 산업혁명이 우리가 받아들여야 하는 숙명이라 할지라도, 인간이 존재하는 이상 사피엔스만이 가지고 있는 사회성은 없어지지 않을 것이다. 우리의 똑똑한 과학자들도 인간을 디지털의 노예로 만들지는 않을 것이기 때문이다. 스스로 말할 수 있는 능력은 절대로 실망시키지 않을 것이다. 영어, 일본어, 중국어, 스페인어, 독일어, 프랑스어, 힌두어, 뭐든 좋다. 자신만의 생각을 한국어가 아닌 다른 언어로 말할 수 있는 능력을 키우기 바란다. 당신의 존재를 확인시켜줄 것이다.

알을 깨고 나오는 병아리를 돕지 말아야 한다. 그것은 병아리를 돕는 게 아니고 오히려 병아리를 죽게 만들 수도 있기 때문이다. AI가 모든 것을 해결해줄 것으로 기대하는 세상에서 우리는 죽을 수 있다. 해외유학 경험 없이 지금까지 살아낸 나에게는 모든 것이 알을 깨고 나오는 고통만큼이나 힘들었다. 몸소 어려운 과정을 겪었을 때 무너지지 않을 수 있다. 지금 부족한 내 능력과 환경을 냉정하게 인식하고 도전해야 한다. 나의 가치는 언제 어디서 빛나게 될지 모르기 때문이다.

Tip

....

제2 외국어는 필수다. 사람과 대화할 수 있는 '말하기 모임'에 참여해 그들과 하루 최소 다섯 가지 문장으로 말하는 연습을 하라. 지금의 한 마디가 승리를 낳을 것이다.

3-2 그들의 주제를 찾아 참여하라

"대부분의 사람들이 기회를 놓치는 이유는
기회가 작업복 차림의 일꾼 같아 일로 보이기 때문이다."
토머스 에디슨[Thomas Edison]

살다보면 기회로 통하는 문이 열리게 마련인데 어디가 문인지 찾지 못하는 경우가 허다하다. 그 문은 항상 열려 있는 게 아니다. 시간이 지나면 영원히 닫힌다. 나는 직장인의 운동도 충분한 기회의 문이 될 수 있다고 생각한다. 나에게는 운동이 기회의 문이었고, 한 치의 망설임도 없이 그 문을 열었다. 그리고 그것이 기회였음을 아는 데는 그리 오랜 시간이 걸리지 않았다. 기회의 문을 여는 사람이 될 것인가, 옆 사람의 모습을 지켜보면서 부러워하고 배 아파할 것인가, 아니면 자신이 주인공이 될 것인가? 결국, 판단은 내가 하는 것이다.

학생 때 미국에서 살다가 국내로 역이민을 온 재미교포와 사귄 적이 있다. 처음에는 영어를 배우겠다고 과외를 시작하면서 만남이 이어졌는데, 그녀는 나보다는 넓은 세계를 경험했다. 그녀는 나에게 "오빠, 골프 배우세요. 한 살이라도 어릴 때 배워둬야 해요."라고 했다. 이게 무슨 헛소리인가? 영어를 배우려는 나한테 영어보다 먼저 해야 할 것이 골프라고, 시키지도 않은 말을 하는 것이 아니겠는가! 그녀는 자신의 아빠가 항상 하던 이야기라며 나를 설득시켰다.

골프는 한 번의 라운딩에 들어가면 3~4명의 동반자와 네다섯 시간은 꼼짝 말고 함께 붙어 있어야 한다. 내성적인 사람에게는 고문과도 같은 운동이다. 말수가 없는 숙맥이라면 대화를 하지 않을 수 없는 이 상황을 더 좋아하지 않는다. '아, 정말 도망가고 싶고 이 새끼랑 같이 있고 싶지 않아.'라는 생각이 들어도 그냥 함께 있어야 한다. 묵언수행을 하는 스님일지라도 골프를 한다면 옆 사람과 이야기를 나누지 않을 수가 없다는 말이다. 참 희한하지만 그게 골프이고 골프가 가져다주는 특별한 장점이기도 하다. 사이가 좋지 않은 관계라도 서로의 변화를 꾀할 수 있으니 말이다.

사회생활의 핵심은 신뢰다. 비즈니스와 인간관계를 위해서는 신뢰를 구축해야 한다. 그 사람과 다양한 주제로 연결점을 찾아야 하고, 소통으로 만족감을 선사해야 한다. 그러기 위해서는 함께 땀 흘리는 것만큼 좋은 방법이 없다. 술집에서 술 마시고 떠드는 것은 이제 옛날 방식이 되어버렸다. 땀을 흘리며 공통의 관심사를 나누면 서로의 간극을 메우는 데 그리 오랜 시간이 걸리지 않는다. 그 역할은 함께하는 운동이 해줄 수 있고 골프는 그런 측면에서 좋은 운동이 된다.

자신만의 강점이 직장에서도 강점이다

필리핀으로 주재원 발령을 받은 몇 달이 지날 무렵 사업을 총괄하는 님께서 나에게 골프를 배워보라고 제안하셨다. 나는 호기심으로 따라나섰다. 평소 깐깐하게 일이나 빨리 끝내라고 재촉하던 님은 그날따라 나에게 인생철학을 가르치려는 듯 나를 사무실 인근의 골프장으로 데리고 가더니 드라이버^{가장 긴 골프채}를 사주는 것이 아닌가? 당시의 시세로 본다면 꽤 쓸 만한 것이었다. 모든 운동은 장비로부터 시작된다. 축구를 하려면 공이 있어야 하고 수영을 하려면 수영복이 있어야 하듯 말이다. 나는 뜻밖의 선물을 받고 '나도 골프 치는 사람 같네!' 하면서 흐뭇한 밤을 보냈다. 모든 운동은 자신의 장비를 소유했는지 아닌지에서부터 흥미의 깊이가 달라진다.

나는 잠깐의 속성기술로 좋은 점수를 추구하기보다는 기본기 연습을 남들보다 몇 배 더 했다. 자세와 경기 운영방식이 나름 세련되고 괜찮았다. 그래서인지 본사에 있는 님들이 출장을 오거나 휴가로 필리핀에 올 때마다 나를 찾았다. 운동을 시작한 지 한 해가 지나자 나름 골프가 무엇인지 말할 수 있는 수준이 되었고, 나는 그들과 동반 플레이를 하게 되었다. 운동이 끝나면 님들은 100달러짜리 지폐를 몇 장씩 지갑에서 뽑아 내 호주머니에 넣어주기도 했다. 어느 날, 나와 동반하던 여러 명의 님들 중 회장님과 가장 최측근인 님으로부터 급한 연락이 왔다.

"상권아, 다음 달에 골프 칠 수 있게 준비해둬."라고. 전화를 끊으려는데 님은 나에게 한마디를 더 던졌다. 쿵쾅거리는 심장소리가 마치 귀에 대고 울리듯 나를 흥분시켰다. "회장님 모시고 갈 거야. 너도 함께 라운딩 준비해." 회장님을 모시고 라운딩을 할 만한 실력도 되지 않는데 내가 "어떻게 함께합니까?"라고 말했지만, 회장님은 직원들과 함께하고 싶다는 것이었다. 그렇게 얼마 후, 긴장 속 라운딩은 시작됐다.

그날 회장님과 골프를 친 나는 이미 본사뿐만 아니라 전국의 지사와 전 세계의 법인에 소문이 날 대로 나버렸다. 홍보용 사진에 회장님과 담소를 나누는 내 모습이 실렸기 때문이다. '혁신적인 소통'이라는 명제에서 회장님은 주연을 맡았고 나는 보조출연이었지만, 젊다는 이유 하나만으로 조연을 맡은 것이다. '아, 이런 거면 미리 말이라도 해주지. 옷이라도 사서 입었을 텐데 말이야.' 이 영화는 전 세계에 상영되었고, 나는 다른 동료들과 한 차원 다른 세계에서 살게 되는 시작점이 되었다.

사업, 취업, 이직, 승진 같은 준비는 평소에 차근차근 해두는 것이다. 우리는 지구라는 좁은 장소에서 70억 명이 몸을 부대끼며 살아가고 있다. 그 속에서 작은 집단을 형성해 자신들의 이익을 추구하는 활동을 비즈니스라고 한다면, 우리는 다른 사람들보다 한 발짝 디 뛰면서 이익 목적 달성을 위한 노력을 한다. 직장이라는 좁은 장소에서 모든 사람의 노력은 누군가보다 앞서야 한다는 의식을 낳게 되고, 결국 회사는 승진이라는 좁은 문턱을 만든다. 모든 이를 내세울 수는 없는 것이다.

이때 등장하는 것이 님의 '촉'과 '감'이다. 인간의 성과를 글과 형식으로 표현하는 데에는 한계가 있기 때문이다. 촉과 감이라는 주관적 견해가 담기지 않는 판단은 이 세상에 수학, 공학, 천체 물리학을 제외하면 얼마나 있을까? 나는 매번 승진 때마다 님의 평가가 좋았고, 막힘없이 승진했다. 이때 부당하다면서 배 아파하는 사람들이 있는 반면, 나에게 일어난 일들 하나하나가 그들에게도 동기부여가 되었다고 말하는 이들도 있었다.

골프는 이렇게 환경을 변화시키는 능력이 있는 게 분명해 보였다. 적어도 나에게는 말이다. 노는 물이 달라야 나도 달라지는 것이다. 사치를 부리고 쓸데없는 과시를 하라는 얘기가 아니다. 수영을 하려면 물가로 가야 하듯이 성공적인 사회생활을 하거나 사업에 성공하려면 나를 성공으로 이끌 사람을 만나야 한다. 다만 만나는 것만으로는 성공으로 이끌 수 없다. 그들과의 공감대를 형성하는 것이 최우선이다.

매일 똑같이 반복되는 일상 속에서 동료와 나는 오늘도 같은 레이스에서 비슷한 속도로 경쟁하고 있다. 저 과천 경마장에서 말馬이면서도 자신은 주인이 되어보지도, 편히 쉬어보지도 못하고 앞만 보며 달리는 경주마처럼 말이다. 그 경주마들의 눈에는 앞만 바라보도록 눈가리개를 해두었다. 우리 직장인의 머리통과 다른 게 무엇이란 말인가! 옆에서 제3자의 눈으로 보면 그저 그런 속도일 뿐이지만, 우리는 그게 가장 빠른 속도라고 자백을 해버린다. 나는 그 속에서 운동을 통해, 특히 골프라는 스포츠카를 타고 경쟁에 뛰어들었다. 골프는 나에게 든든한 지원군이었다.

> **Tip**
> ··
> 고위직이나 임원처럼 나를 움직일 수 있는 사람과 나눌 대화거리를 찾아라. 취미생활 또는 주식관련 내용이든 상관없이 주제를 찾아 대화에 참여하라.

운동의 절대적 규칙

"건강은 외적인 어떤 재화보다 뛰어나서
건강한 거지가 병든 왕보다 더 행복한 게 틀림없다."

아르투어 쇼펜하우어Arthur Schopenhauer

현대사회에서 운동의 중요성은 나날이 높아지고 있다. 가속화되는 도시화 속에서 우리는 밖에 나가 흙을 집어 먹으며 뛰어놀던 어린 시절만큼의 운동량을 따라갈 수 없을 정도로 게을러졌다. 우리는 해가 질 무렵까지 운동장을 뛰어다니며 넘치는 에너지를 분출하지 않았던가. 운동이 따로 있나? 마음껏 뛰어놀면 그게 운동이던 시절이었다. 그러나 요즘은 그런 모습을 찾기 힘들다. 햇볕 아래에서 뛰어놀면 피부가 탄다고 말리는 부모가 있는가 하면, 다칠까봐 노심초사하는 부모 앞에서 아이들은 순한 양이 되고 만다.

일상 속은 더 심각하다. 책상 앞에 앉아 초점 잃은 눈빛으로 모니터를 응시하고 있는 당신의 목은 거북목이 되어가고 있다. 언제부터인가 엉덩이는 펑퍼짐해졌는데, 그 옛날 볼록 튀어나와 탄력 있었던 모습은 어디로 갔는지 모르겠다. 뱃살은 흘러내려 수습이 불가능한 이 몸이 과연 내 몸인지 믿을 수가 없다. 철 지난 사진이 담겨 있는 앨범을 뒤적거리며 "옛날에는 멋졌어!"라고 떠들어봐야 당신의 뱃살은 떨어져 나가지 않는다.

"요즘 운동 하나 시작하려고 하는데 어떤 게 좋을까요?" 가끔 동료들이 운동하려면 어떤 게 가장 좋은지 물어볼 때가 있다. 나는 유산소 운동을 추천한다. 골프는 사회생활과 밀접하지만 달리기나 수영은 또 다른 면에서 최고의 운동이다. 수영은 오랫동안 배워야 하는 고도의 집중력이 필요하고, 몸의 기능을 변화시켜야 하는 난이도가 높은 운동이다. 사피엔스는 수만 년 동안 육지에서만 살아왔기 때문이다. 헤엄칠 수 있는 기술을 배우면서부터 우리는 바다에서 강에서 색다른 생활을 할 수 있었다.

선진국 대부분의 학교에서는 체육과정에 수영을 포함하고 있다. 지구 표면의 70%가 물로 덮여 있으니 물과 친하지 않고서는 살아가는 데 불편함이 많다. 그래서 수영은 운동의 개념도 있지만 물과 관련된 재해에서 스스로 극복할 수 있는 생존수단이기도 하다. 우리가 수영을 배워야 하는 가장 큰 이유이다. 수영은 꼭 배워야 할 필수운동이다. 즐길 수 있다면 그 의미는 배가된다.

호주를 떠나 5개월 동안 대자연의 나라 뉴질랜드를 여행했다. 유럽에서 온 친구 그리고 현지 친구와 함께 생활하면서 느낀 그들과 나의 큰 차이점 중 하나가 자연을 대하는 자세였다. 그들은 해가 나오면 밖으로 나갔지만, 나는 안에 있고 싶었다. 친구들은 바다에서 수영을 즐겼지만 나는 개헤엄밖에 몰라 죽지 않을 만큼만 수영했을 뿐, 온전히 자연을 즐기지는 못했다.

주말에는 투어를 나가곤 했는데, 주말에 집에 있으면 마치 사회성에 문제가 있다는 듯 의심하는 그들만의 문화가 있는 듯해 가기 싫어도 꼭 함께했다. 한번은 배를 타고 산호가 있는 지역까지 나가 스노클링 프로그램에 참가했는데, 다들 편한 모습이었다. 육안으로도 물고기와 산호초가 보이는 쪽빛 바닷물 아래 배는 멈춰 섰고, 가이드의 안내에 따라 다들 바다로 뛰어들었다. 바다를 향해 달려가 시원시원하게 점프하는 모습과 하얀 거품을 일으키며 바다로 떨어지는 모습이 완전 자유인처럼 느껴졌다.

지금 내 몸속 위기는 시작된다

심장병은 가장 위험한 병이면서도 주변에서 쉽게 볼 수 있다. 한 번에 엄청난 고통이 따를 뿐만 아니라, 다시는 햇빛을 보지 못할 수도 있는 무서운 병이다. 대부분은 당장 치료를 해야 하는 위중한 상황에 직면해서야 응급실을 찾는 경우가 많다. 많은 전문가들이 암보다도 위험한 것이 심장병이라고 하는데, 그 최종 목적지는 심부전이라고 한다. 당신은 아직 젊고 몇 날 며칠을 야근해도 끄떡없는 체력을 가지고 있다고 자만할지 모른다. 그러나 언젠가 한 번에 훅 갈 수 있다.

건강보험심사평가원에 따르면 2006년 1,814명이던 심부전 사망자 수가 2016년 5,094명으로 10년 새 2.8배 가까이 증가했다. 심부전환자의 18.2%는 1년 안에, 50%는 5년 안에 사망하는데, 이는 5대 암으로 분류되는 대장암, 위암환자보다도 2배나 높은 수치다. 국립암센터

무엇보다도 현대사회에서 비만은 피할 수 없는 적이 되어버렸다. 각양각색의 비만을 부르는 음식들과 환경은 우리에게 최악의 건강상태를 안겨준다. 비만은 만병의 원인이다. 혈액순환 장애를 주고 심혈관질환을 유도하게 되어 위험하다. 당뇨병에 노출될 위험이 정상체중의 사람들보다 몇 배는 높다는 것이 전문가들의 공통된 의견이다. 과연 체중조절이 심장병과 관련이 있을까?

하버드대학교 의대인 브리검 여성병원Brigham and Women's Hospital은 20년간 성인남녀를 추적 조사한 결과를 발표했다. 그중 적정한 체중을 유지하고 규칙적인 운동으로 땀을 흘려온 사람들의 심장병 발병률은 신체활동이 적은 사람보다 18%~36%까지 낮출 수 있었다.[9] 운동만큼 좋은 게 없다는 것이다. 이 병원에서 발표한 논문에 의하면 일주일에 1회 활동적인 운동을 하는 성인의 심장질환 발병률은 운동하지 않는 사람에 비해 16%나 줄어들었다. 일주일에 2회의 경우에는 몇배로 줄어들어 약 36%로 낮아지는 효과를 볼 수 있다.

건강 심리학자 켈리 맥고니걸Kelly McGonigal은 사피엔스는 항상 움직이는 존재였다고 말한다.(10) 인류의 선조들이 진화한 상태를 통해서 인간이 움직이기 적합하게 진화한 것을 발견했다. 고된 수렵 채집 사회에서 사피엔스는 움직여야만 생존을 위한 식량을 얻을 수 있었다. 동물처럼 사냥기술이 발달하지 않아서 집단을 이루었고 서로 도와 사냥에 성공할 수 있었다. 맥고니걸은 이것을 사회적인 인간이 되어가는 과정이라고 말한다. 결국 우리는 끊임없이 움직이는 존재였기에 사회적인 동물이 될 수 있었다는 결론에 이른다.

결국 움직임을 통해서 건강한 몸을 갖추게 되고, 행복은 건강함에서 나온다는 말이기도 하다. 움직임이 바로 건강과 직결되기 때문이다. 사피엔스만의 본능인 움직임으로 건강함을 갖추어 나가고 결국 행복함을 유지할 수 있는 것이다. 우리 몸 뼛속까지 깊이 들어 있는 움직이는 존재로서의 영혼이 현대사회에서는 적용되지 않고 있는 것일까? 지속적인 움직임은 육체와 심리에 안정을 주어 사회활동에 활력을 가질 수 있다. 인간의 본성은 결국 움직임이다. 그래서 우리는 운동을 하면서 안정을 찾을 수 있다.

움직임이라는 행위가 바로 운동이라면 운동은 우리 몸에 여러 가지 긍정적 영향을 주고 있다는 것은 논란의 여지가 없다. 체중관리에 도움이 되고 당뇨병, 심혈관계 문제를 줄여주고 특히 심리적 안정을 가져와 스트레스를 줄여 우울증을 감소시킬 수도 있다. 특히 평생 책상 앞에 앉아서 공부만 하고, 경직된 자세에서 일하고 있는 우리에게는 운동이 그 무엇보다도 중요하다. 우리는 운동에 얼마나 많은 시간을 투자하고 있을까?

무엇이 우리를 움직이게 만드는가

체육이 학교수업에서 줄어들고 있는 현실을 보면서 한숨이 절로 나온다. 교육자뿐만 아니라 지도자들의 의식이 어디에서 어떤 변화를 필요로 하는지 알 수 없다. 입시와 진학에 집중되어 오로지 시험을 잘 치르기 위한 주입식 교육 속에서 사피엔스의 기본욕구인 움직임을 제한하는, 체육활동 시간을 줄이는 이상현상을 우리는 어떻게 바라봐야 할까? 공부할 시간을 아꼈으니 긍정적인 영향으로 받아들여야 할까? 아니면 본능을 억제하는 역효과를 걱정해야 할까?

나는 최근에 운동을 다시 시작했다. 혼잣말로 "아, 언제 이렇게 돼버린 거야."라고 떠들었다. 샤워를 하는데 거울에 비친 늘어진 뱃살을 보고 도저히 참을 수가 없었기 때문이다. 점심은 간단하게 때우고 저녁이면 회식으로 고기 먹기 운동을 벌여온 직장생활 몇 년이 내 뱃살을 이렇게 늘어뜨린 모양이다. 운동이라고 해봐야 동네공원에서 달리기하는 것이 전부지만 이것 자체가 나에게는 스트레스를 뽑아버릴 소중한 시간으로 통한다. 주로 토요일이나 일요일 중 하루를 선택하고, 가능하면 오전에 현관문을 박차고 나간다.

우선 머리끝에서부터 발끝까지 흔들고, 돌리고 펴주면서 몸의 이완

작용을 최대로 끌어올린다. 늙다리 내 몸의 부상을 방지할 수 있는 손쉬운 방법이다. 가끔 공원이나 양재천 산책코스를 달리다보면 러닝을 하는 사람들의 모습을 볼 수 있다. 그중에 30% 정도는 이상한 자세로 달린다. 러닝을 하는 것인지 자기 몸을 고문하는지 알 수 없을 정도로 삐딱하고 경직된 자세이다. 그런 자세는 오히려 몸에 무리가 된다. 그런 식으로 억지로 러닝을 할 바에는 그냥 걷는 게 더 좋을 수도 있다.

나는 옷을 껴입어 바깥온도보다 조금 더 뜨겁게 내 몸 온도를 올린다. 여름에도 가능하면 셔츠를 입고 그 위에 한 장의 운동복을 더 껴입는 방식이다. 더운데 무슨 짓이냐 할 수도 있으나, 나는 몸에서 빠져나가는 땀을 가능하면 많이 뽑아내고 싶어서 나만의 방법을 쓰는 것이다. 오랜 시간 운동하면 금방 지치기 때문에 20~30분 정도만 달리고 집으로 돌아온다.

달리는 시간은 운동을 한다는 생각보다는 복잡했던 내 생각을 정리하는 시간으로 활용한다. 달리면서 이건 이렇게 할걸, 저건 저렇게 할걸 하면서 이런저런 생각을 해본다. 가장 복잡했던 것 위주로 생각을 하다보면, 내 몸에서 뿜어져 나오는 열기는 그러한 복잡했던 생각들을 밀어내준다. 이렇게 땀을 한 번 흘리고 나면 몸속 노폐물이 쏟아져 나온 것 같아서 기분이 시원하다. 무엇보다도 나는 오늘 건강을 위해서 무언가를 했다는 심리적 만족감이 나를 더 즐겁게 한다. 그때 샤워를 하고 한숨 자고 일어나면 기분은 더욱 좋다.

"취미가 뭐예요?" 아직도 자신만의 운동 하나가 없어서 취미를 물으면 영화 보기, 책 읽기라고 하는 것도 지겨울 때가 되지 않았는가? 사실 자신만이 가지고 있는 장점이 없어도 무방하다. 운동이라는 것은 잘하려고 하는 것이 아니라 나 자신의 평화를 찾기 위한 일종의 의식과도 같다. 자신만의 운동 하나쯤은 찾아내서 꾸준히 해나가다 보면 평생 나와 함께하는 친구가 될 수 있다. 달리기도 좋고, 구기종목도 좋고, 수영도 좋다. 사회활동과 연결되는 골프라면 더 좋다. 우리 몸은 나이를 먹어가면서 관절이 퇴화하여 통증을 느끼기 시작하는데, 이때 우리 몸에 무리가 가지 않는 운동이 필요하다.

크로스핏, 요가 등 길거리에서 쉽게 접하는 할인광고를 보고 시작하는 운동은 추천하고 싶지 않다. 대부분은 몇 개월 이상 등록할 때만 할인이 된다. 어려서부터 몸에 익힌 운동을 하고 있지 않다면, 운동을 시작할 때 자신의 몸에 맞는지 확인하는 시간이 필요하다. 이 물리적인 시간은 내가 이 운동을 지속해서 할 수 있는지 없는지를 판단하도록 해준다. 헬스클럽에서 계약이 끝나는 날까지 운동하는 모습을 보기 힘든 이유가 여기에 있다.

스포츠 심리학에서는 운동하면서 고도의 집중을 할 때 머릿속이 하얗게 백지처럼 된다고 한다. 머릿속을 꽉 채운 잡념들은 그제야 밖으로 밀려나와 나의 머리를 자유롭게 해방시켜주는 것이다. 마음속으로 땀과 함께 내 심리적 노폐물이 빠져나간다는 자기암시를 한다면 그 효과는 배가된다. 일주일에 한 번은 땀을 흘려보길 바란다. 물속 운동도 괜찮고 공원의 산책로를 달리는 것도 좋다.

인간은 삶의 구조와 심리작용에 의해서 움직이게 된다. 운동만이 두 개를 효율적으로 작용시킬 수 있다. 운동을 하면서 오늘 있었던 생각들을 정리해보고 버릴 게 있으면 내 땀과 함께 흘려보내길 바란다. 건강은 삶의 조건 중 기본이라는 사실은 절대로 변하지 않는다. 기본이 안 된 상태에서 행복을 누릴 수는 없는 것 아니겠는가. 행복하기 위해 태어난 우리는 행복이 그저 아무런 조건 없이 생길 거라는 막연한 기대를 하며 살아가고 있다. 행복을 위한 건강관리는 우리 생활의 첫 번째 조건이 되어야 하는 이유다.

Tip
머릿속이 복잡할 땐 딱 30분 조깅으로 땀을 흘리고 시원한 맥주 한 잔 들이켜라. 윗옷을 한 겹 더 껴입고 땀을 흘려라.

나는 50%의 계획으로 인생을 바꿀 수 있었다

"위대한 이들은 목적을 갖고, 그 외의 사람들은 소원을 갖는다."

워싱턴 어빙Washington Irving

무언가를 시작할 때 두 가지의 목표를 두게 된다. 하나는 '목적적 목표Ends goal'이고 두 번째는 '수단적 목표Means goal'(11)이다. 목적적 목표는 회사에서 행하는 일 자체가 목표인 것을 말한다. 이것은 중요한 목표로서 우리가 직장에서 일할 때 집중력을 발휘할 수 있고, 일 자체에 의미를 부여한다. 즉, 목적적 목표는 자신이 정말로 원하는 일을 할 수 있게 해주는 것이 아니라 일 자체를 당신이 원하기 때문에 행하는 것이다. 원하는 것이 나의 목표가 된다면 바로 성과와 연결된다. 이때 회사에서 인정받을 수도 있고, 아니면 역량을 가다듬어 새로운 사업가의 길로도 접어들 수 있다.

돈을 벌기 위해 회사에 다니는 것을 '수단적 목표'라고 분류할 수 있다. 이 수단적 목표는 현실적인 목표지만 회사 내에서 자신의 업무량과 자신의 가치가 상충할 때는 심적 고통이 따른다. 반면, 일하는 것을 원하지 않지만 월급이라는 수단적 목표를 위해서 일하기 때문에 나도 모르게 직장의 노예로 변해가는 모습을 지켜볼 수 있다. 그렇다면 목표를 향해 항해하기 위한 기본조건은 무엇이 있을까?

주재원 생활을 끝내고 국내로 복귀했을 때 그동안 모아둔 돈으로 식품제조와 유통 스타트업을 설립했다. 완벽에 가까운 계획을 준비했으니 시작할 수도 있었던 것이다. 각지에 있는 공직자 선배들의 도움을 받아 시스템을 갖추고 제품을 생산했다. 업무복귀 전 잠깐 한국에 들어왔을 때 조금씩 준비했고 기술적 도움도 충분했다. 직원 열 명을 두고 시스템을 갖추고, 트럭도 몇 대 샀다. 그런데 그렇게 쉽게 되면 사업이겠는가! 직원 한 명이 크게 다치고, 배보다 배꼽이 더 커지면서 결국 큰 손해를 입고 6개월 만에 사업을 헐값에 매각해야 했다. 이 창업은 목표와 사업계획의 범위가 사업성공을 위한 '수단적 목표'에 설정되어 있었다.

내 삶의 방향을 바로 잡는 일이 중요한 이유는 내가 일하기 위해서 사는지, 아니면 살기 위해 일하는지에 대한 녹음기를 무한반복하는 것과 같기 때문이다. 삶이라는 자동차가 헛바퀴만 돌리고 있다. 인생의 방향을 잘 잡아야 문제없이 달릴 수 있지 않은가. 누가 그 방향을 좀 알려주면 안 될까? 바쁜 일상 속에서 내 인생이라는 자동차가 잘 굴러가는 데 신경을 쓰다보니, 내 인생의 길목이 어느 곳으로 향해 있는지 잊어버리기 때문이다.

사피엔스가 피할 수 없는 인생이라면 지나치게 빡쎈 거 아닌가? 많은 직장인들은 이미 회사생활에 지쳤다. 방향에 문제가 없는지 밤잠을 설치기도 한다. 평생직장이라는 개념이 사라진 지 오래고, 올라가면 갈수록 좁아지는 승진이라는 피라미드의 문은 이미 좁아질 대로 좁아진 상황이다. 회사를 위한 충성으로 나의 가치를 끌어올리고, 회사는 나의 노력을 인정해주어 월급이라는 마약으로 한 달 동안 붙잡아 둔다. 이처럼 끝없이 돌아가는 설국열차처럼 엔진을 돌려야 하는지에 대한 회의감이 든다.

무언가를 시작할 때 완벽한 계획은 없다. 물론 최선은 생각해낼 수 있겠으나 100% 이상의 완벽한 계획은 불가능하다. 계획은 시작 자체에서 모든 것이 성립되는 것이다. 그래서 완벽한 계획을 추구하지 말고 시작에서 성공을 찾아야 한다. 시작도 하기 전에 에너지를 다 써버릴 수는 없지 않은가. 에너지를 낭비하지 않을 단 하나의 방법은 시작하는 것이다.

나는 그동안 일을 하거나 무언가를 할 때 완벽에 가까운 계획이 들어서지 않으면 실행할 용기가 생기지 않았다. 확신이 자리 잡지 않은 나의 마음속을 불확신이라는 흑백 잉크가 확신까지 덮어버리는 느낌이 들었기 때문이다. 그것은 나를 겁주고 아무것도 하지 못하게 하는 암덩어리였다. 이 불확신이 커지기 전에 관리를 해줘야 한다. 관리를 소홀히 하면 점점 커지는 불확신 덩어리에 짓눌려 결국 실행조차 못 하기 때문이다.

어쩌면 그것은 당연한 일일 수도 있다. 나라는 존재는 미천하기 짝이 없기 때문이다. 전문화된 컴퓨터가 아닌 이상 연산 또는 다양한 이론을 총망라한 계획을 계산기 두드리듯 숫자로 딱 떨어뜨리기란 거의 불가능하기 때문이다. 그렇게 내 속에서 조그맣게 자리 잡고 있던 불확신을 확장시키고, 실패에 대한 두려움을 키우게 된다. 그렇기에 우리는 끊임없이 완벽한 계획을 추구하고 실행계획을 미루게 된다.

목표가 크면 클수록 그 목표에 도달하기까지 멀기만 하다. 지속할 수 있는 힘을 상실하기 때문이다. 이러한 것을 나는 '희망사항'이라고 말하고 싶다. 희망사항은 담배연기 흩날리듯 둥실둥실 떠다니다가 실바람과 함께 흔적도 없이 날아가버린다. 잡을 수도 없고, 뒤를 돌아보며 점검할 수도 없다. 또한 기쁨이 넘치는 성취를 가져다줄 수도 없다. 우리는 이러한 패턴이 지속되어 상습화되고 버릇이 되는 것을 경계해야 한다. 작은 것 하나씩 계단을 오르듯 해나가야 한다.

계획이라는 것 자체가 완벽할 수도 없고 계획대로 이루어지지 않는다는 것을 알지 않나. 사실 계획은 적절한 결정을 내릴 수 있는 수준 정도면 충분하지만 우리는 언제나 완벽을 꿈꾼다. 그러나 모든 것은 50%의 계획이면 실행하기에 충분하다. 그 이상의 완벽함을 좇다가 다양한 의견과 방대한 자료들 속에서 방향을 잃어 결국 실행조차 못 하는 지경에 이르는 것보다는 나은 결정이다. 계획을 세우는 데에 모든 에너지를 쏟아붓고 정작 실행단계에서 다양한 정보들이 가져오는 수많은 변수를 확인하는 순간, 진도를 나가기 어려워지기 때문이다. 계획에 압도된다는 게 이런 거다.

50% 수준의 계획이 있다면 결과를 예측하지 말고 즉시 실행에 옮겨야 한다. 다시 말하지만, 완벽한 계획이란 전 세계 정책을 좌지우지하는 미국의 백악관에서도 만들어내지 못한다는 것을 알아야 한다. 하물며 나라는 존재는 미약하기 그지없지 않은가! 다른 사람과 차별화되는 오직 한 가지는 '도전정신'이다. 그 도전정신을 가지고 나머지 50%의 부족한 계획을 수정하고 채워나가면 된다.

도전정신은 용기를 수반한다. 실패할 용기만 있다면 우리는 시작할 수 있다. 알다시피 가장 어려운 것은 '시작'이다. 그래서 '시작이 반이다'라고 하는 게 아닐까? 절대로 틀린 말이 아니다. 시작했다는 것은 자신이 이루고자 하는 목표를 향해 출발했다는 의미이고, 결과야 어떻게 되었든 우리는 목표 또는 어디에든지 도달할 것이기 때문이다. 목표를 향한 방향을 유지하는 것이 더욱 중요한 이유다.

시작은 쉬운 게 아니다. 나에게 책 쓰기도 마찬가지였다. 누군가에게 내 생각과 경험을 말하기까지는 헤라클레스가 지구를 들어올리는 것만큼이나 어려웠다. 그러나 나는 내 이야기가 당신 인생의 변화를 추구할 수 있겠다는 믿음을 가지고 있었고, 즉시 실행에 옮긴 것이다.

글쓰기 기술을 배워 기획하고 출판사에 투고하고 출판하기까지 그 모든 여정을 모두 완벽하게 계획하고자 했다면 나는 지금까지도 계획만 세우고 있었을지 모른다.

"고민하는 데 힘 빼지 말고 도전의식에 불을 켜라!" 내가 말하고 싶은 것은 고민하기 전까지의 당신의 도전이다. 비록 계획이 생각하는 것만큼 완벽하지 않고 부실해 보여도 그 속 어딘가에는 당신의 결과를 빛나게 해줄, 성패를 좌우하게 할 아름다운 다이아몬드가 숨겨져 있다. 내가 그것을 말해줄 수 있으니 믿고 실행하면서 자신의 능력을 발견하기 바란다. 마치 내가 가지고 있던 몇 가지 경험과 직장 내 경험이라는 평생 쓸모없던 기술이 어느 날 갑자기 툭 튀어나와 몇 글자 끄적거리는 것처럼 말이다. 완벽한 계획은 존재하지 않는다. 단지 시작하지 않을 핑계일 뿐이다.

목표인지 희망사항인지 구분하지 못한 상태에서 시작하고 중도에 포기하는 일은 어제오늘의 이야기가 아니다. 다 하고 싶다고 떠들어봐야 다 하기란 쉽지 않다. 몇 년째 똑같은 목표가 있는지 한번 돌아보고 정리하라. 만약 있다면 다음 해에는 그것만을 목표로 세우든지 아니면 그것만 빼든지 해서 경량화해보기 바란다. 그리고 목표의 사이즈를 줄여라. 그러면 비로소 달성 가능한 목표를 향해 한 걸음 다가갈 수 있을 것이다.

Tip

· ·

계획에 매몰되어 추진동력인 열정을 놓치지 마라. 부자 대부분은 자신의 느낌을 믿었다. 때로는 당신의 촉이 최고의 계획이 될 수 있다.

AI는 절대 할 수 없는 한 가지 행동

"인공지능이 우리에게 열등감을 느끼게 하리라고
걱정하는 사람도 있지만,
만약 그렇다면 올바른 정신상태인 사람은
꽃을 볼 때마다 열등감을 가질 것이다."

앨런 커티스 케이[Alan Curtis Kay]

우리의 내면을 채우는 데는 여러 가지 방법이 있다. 명상을 통해 자신을 바라보고 스스로 모습을 정리할 수 있으면 금상첨화겠지만 우리는 그렇게 할 수는 없다. 때로는 자신의 삶 속에서 특별한 사건을 계기로 인생전반을 되돌아보면서 부족했던 마음의 양식을 채워나가기도 한다. 어떤 이는 남을 돕는 데에서 자신을 사랑하는 방법을 배우기도 하고 세상의 이치를 깨닫기도 한다.

"나는 당신이 어떤 운명으로 살지 모른다. 하지만 이것만은 장담할 수 있다. 정말로 행복한 사람들은 어떻게 봉사할지 찾고 발견한 사람들이다."라는 알버트 슈바이처[Albert Schweitzer]의 말처럼 행복을 찾는 자원봉사를 때로는 성공을 위한 하나의 계단으로 활용하기도 한다.

자원봉사를 해야 하는 이유

1. 문제해결 능력, 대인관계 기술 등 지식 · 기술 습득 및 역량강화 (15.4%)

2. 나에 대한 자기존중 · 만족감 · 긍정적 태도 (14.8%)

3. 나의 능력에 대한 믿음 (12.6%)

4. 다양한 사람들과의 네트워크 (12.4%)

〈서울시자원봉사센터〉[12]

단순히 봉사활동이 자신의 봉사점수를 채워주는 역할만 하는 것이 아니라, 사회생활을 하는 데 필요한 역량강화와 내적 성숙을 가능하게 했음을 알 수 있다. 개인은 사회적 기여를 함으로써 자신을 움직이는 동기를 얻을 수 있으며, 인품을 키울 수 있는 좋은 영향을 얻을 수 있다. 인품이 넓으면 넓을수록 사회를 밝게 빛낼 수 있는 인격을 갖추게 되고, 그것 하나하나가 모여 자신의 성과로 연결 지을 수 있다.

자원봉사를 통해 자신을 찾을 수 있다는 것은 그렇게 신선한 발견은 아니다. 특히 문제해결 능력, 대인관계 기술 등 사회생활을 하는 데 인간으로서의 기본인 사람을 대하는 기술을 자연스럽게 습득할 수 있다는 것은, 우리가 자원봉사를 해야 하는 첫 번째 이유다. 대부분의 성인들에게 자원봉사는 자신을 찾아가는 과정이 되어가는 것은 분명하다.

나를 인정받고자 하는 봉사활동은 과연 우리에게 무엇을 안겨다줄 것인지 생각해볼 필요가 있다. 그렇다고 아무것도 하기 싫은데 무언가를 하라고 강요하는 것은 아니니 걱정하지 않기를 바란다. 직장생활을 하다보면 가장 부족한 것이 돈이고 시간이다. 피곤한 몸을 이끌고 가정을 돌보기에도 힘에 부친다는 것은 누구나 잘 알고 있다. 다만 자신을 되돌아보고 삶의 의미를 더할 수 있고, 내 삶을 윤택하게 만들 수 있다면 그것을 피할 이유는 없지 않은가? 그게 내가 일하는 장소에까지 영향을 미친다면 직장생활은 활기찰 것이다.

직업을 통해서 사회에 봉사까지 할 수 있으면 좋겠지만 그런 경우는 많지 않다. 봉사활동을 할 수 있는 방법은 여러 가지가 있다. 봉사활동을 하고자 한다면 정부에서 운영하는 '1365자원봉사포털'을 활용하면 쉽다. 홈페이지를 통해 지역별 또는 업무별 자원봉사를 검색해서 알아볼 수 있다. 또는 자신이 거주하는 지역의 동사무소나 구청에 가면 자원봉사와 관련된 많은 자료를 얻을 수 있다. 자신이 직접 사회의 어두운 곳이나 안전장치가 미치지 못하는 곳을 찾아 나설 수도 있는데, 이때 주의해야 할 것은 수혜 당사자들의 충분한 의사를 확인하는 것이다.

일상에서 잠시 벗어나 새로운 환경에서 봉사를 통해 자신을 돌아보고 내면을 채우는 활동이 전 세계적으로 유행하고 있다. 우리 사회에도 이미 자리 잡혀가는 것을 보면 사람들이 삶의 가치를 물질에서만 찾고 있지 않음을 느끼기도 한다. 한 번쯤은 이러한 봉사단체에 가입하고 프로그램에 참여하는 것을 적극적으로 추천한다. 아프리카에서 자연보호 프로그램을 운영하는 단체에서는 지하수를 개발하거나, 나무를 심고 가꾸며 지역사회에 자연이 가져다주는 선물이 자신들에게 그리고 인류에게 어떠한 영향이 미치는지 확인할 수도 있다. 전 세계에서 모인 청춘 그리고 은퇴자들과 함께 할 수 있는 기회이다.

한국국제협력단^{KOICA}에서 진행하는 프로그램에 지원하는 것도 방법이 될 수 있다. 다만, 선발경쟁이 상당해서 자신의 직무와 관련 있는 봉사활동에만 참가할 수밖에 없다. 경력을 갖춘 직장인에게 적합한 활동이다. 이처럼 우리 주변에는 수많은 프로그램이 있다. 지켜만 볼 것이냐, 아니면 찾아 나설 것이냐는 나의 선택일 뿐, 할 게 없는 것은 아니다.

타인을 볼 줄 아는 움직임

사람을 돕기 위해서는 사람을 볼 수 있어야 한다. 무슨 말이냐면 사람에게 상처를 주어서는 안 된다는 것이다. 나는 아직까지도 참회의 눈물을 흘리는 실수를 한 적이 있다. 보육원 아이를 1:1로 후원해주는 봉사활동이었는데 정기적인 만남을 이어가고 편지도 써주면서 아이들이 커가는 모습을 지켜봐주는 봉사활동이었다. 나는 초등학교 3학년 정도의 아이와 매칭^{matching}이 이루어졌고 두 번 정도 만남을 가졌다. 하지만 "삼촌 왜 안 오세요?"라는 문자메시지를 외면했다.

이 모든 것이 귀찮아지기 시작해서 다시는 찾아가지 않았다. 단 두 번 만에 말이다. 왜 이렇게 빨리 '귀차니즘'이라는 병이 생긴 것일까? 살기도 바빴고 내 생활을 하기도 벅찼으며 친구들과 술 마시고 노는

데도 시간이 부족했는데, 내가 책임져야 할 누군가가 있다는 것이 부담되었던 것이다. 경솔함이 낳은 하나의 상처다. 부디 그 애가 잘 성장했기를 기도한다. 나는 그때의 실수로 인해서 누군가에게 봉사하거나 도움을 줄 때에는 왜 해야 하며 무엇을 얻고자 하는지, 그리고 진정으로 누구를 위해서 하는지 살펴보게 되었다.

연말연시에 연탄을 나르는 봉사에서 역동성을 더하기 위해 얼굴에 연탄재를 묻힌 모습이 고스란히 사진에 담겨 랜선을 타고 전국에 퍼지기를 바라는 이들이 있다. 자원봉사인지 자신봉사인지 구분하기 힘든데, 사진을 찍으러 온 것인지 바람을 쐬러 온 것인지도 감이 안 잡힌다. 여러 명이 장갑을 끼고 나타나더니 사진 몇 장 찍고 적당히 시간을 보내다 조용히 빠지는 미꾸라지 같은 행동은 어제오늘의 문제가 아니다. 평생 폐지를 주워 모은 돈을 장학금으로 기증한 할머니의 그런 나눔과는 질적으로 다르다.

그렇다. 봉사는 책임 가능한 수준에서 해야 한다. 특히 그것이 마음을 움직여 사람을 돕는 것이라면 더욱 그렇다. 육체적 봉사활동도 수혜를 입는 당사자가 있기에 이들의 마음을 잘 들여다보고 다치게 해서는 안 된다. 필요에 의해서 욕구를 채우기 위한 봉사는 그 의미가 퇴색되게 마련이고, 그곳에 있는 당사자들은 필요 없는 봉사를 받은 전시된 동물처럼 느낄 수도 있다. 그래서 조심해야 한다.

실리콘밸리에서는 이미 인간만이 가지고 있는 공감능력과 창의성을 모방하는 컴퓨터가 만들어지고 있다. 구글엔지니어링 이사이자 세계적 미래학자인 레이 커즈와일Ray Kurzweil은 "2045년이면 인류 전체의 지능을 초월하는 인공지능이 나온다."고 말했다.(13) 그렇다면 기계에 지배당하지 않기 위해 우리는 무엇을 해야 할까? 지식정보 기술보다 중요한 것이 무엇일까? 그것은 인간이 가지고 있는 고유의 공감능력이지 않았던가.

봉사는 단순히 외면받고 고통받는 누군가를 위해서 희생하는 고귀한 행동만이 아니다. 그것을 통해 자신이 그들과 공감하고 있음을 확인하는 것이고, 새로운 사회를 만들려는 역동성을 자극하는 것이다. 봉사활동이 사랑이라면, 작은 사랑을 베풀기만 해도 그 사랑의 기운은 몇 곱절로 내게 돌아온다. 더 놀라운 사실은 남을 위해 봉사하는 것이 규칙적인 운동보다 건강에 더 이로운 효과가 있다고 한다. 그러기 위해 우리는 지금 소파에 드러누워 리모컨만 쳐다볼 것이 아니다.

사람은 유능한데 따뜻하지 못하면 다른 사람들로부터 존경받을 수 없지만, 따뜻한데 유능하지 못하면 동정이라도 받을 수 있다. 그 행위가 고귀함을 알기 때문이다. 인간애愛는 사피엔스가 인간다움을 유지할 수 있는 절대로 잊어서는 안 될 고유의 자산이다. AI는 절대로 할 수 없는 우리만의 것이다. 따뜻함을 다른 사람에게 보여줬을 때, 나라는 사람의 존재를 확인할 수 있고 내가 존재하는 이곳이 아름답다는 것을 느낄 수 있다. 단순히 인정받고 싶어서 하는 행동은 무의

미하다. 인간애를 갖춘 직장인으로서 사회인으로서 우리는 멈춰서는 안 된다.

> **Tip**
>
> 시간과 에너지가 남았을 경우에만 자원봉사를 하라. 한 달에 한 번이라는 시간을 정하라. 장기간 꾸준히 참여 가능한 봉사활동을 찾아라.

자격증이 조잡하다고 느낄 때

"아무리 원해도, 아무리 바라도,
저절로 이루어지는 일은 하나도 없다."

웨인 다이어Wayne Walter Dyer

21세기를 사는 우리는 단군 이래 최고의 스펙 속에서 살고 있다. 70% 이상은 대학학위를 받았고, 인턴경험, 자격증, 어학점수는 보는 이로 하여금 쫄리게 만든다. 분명한 것은 기업, 공무원뿐만이 아닌 모든 직업에서 가능하면 빨리 업무에 적응하고 적절한 성과를 낼 수 있는 사람을 선호한다는 것이다. 이점을 강화하기 위해 스펙을 쌓는 것은 고려해볼 만한 옵션이 분명하다.

기업들은 회사를 먹여 살릴 미래의 인재를 데려오기 위해 갖가지 방법을 동원하며 홍보에 열을 올린다. 문제는 인재를 뽑는 그들이 실제로 인재스럽거나 창의적이지가 않다는 것이다. 아직도 대부분의 기업은 학력과 자격, 자기소개서 등을 가장 먼저 고려한다. 블라인드 채용을 도입해서 자신들은 세상에서 가장 공정하게 모든 청춘들에게 기회의 문을 열어놓았다고 하지만, 사실 속마음은 그렇지가 않다. 만약에 입사를 해서 그 집단 속으로 들어가더라도 아마 실망감으로 하루를 보내야 할지 모른다. 그것은 조기퇴사로 이어지기도 한다.

<중앙>**〈채용평가 시 '스펙'이란〉**

필요 없는 스펙이 있다(62.1%) 그 이유는,	필요한 스펙이 있다(61.1%) 꼭 필요한 스펙,
1위 직무와 연관성이 높지 않아서 (71.8%, 복수응답)	1위 업무 관련 자격증 (66.1%, 복수응답)
2위 업무에 필요하지 않은 스펙이어서 (69%)	2위 인턴경험 (20.5%)
3위 객관적인 판단이 어려운 기준이어서 (17.8%)	3위 공인영어성적 (19.3%)

〈머니투데이, 사람인 2020.6.〉[14]

62.1%가 채용평가 시 필요 없는 스펙이 있다고 말했다. 언론에서 말하는 채용평가에 필요 없는 스펙은 어쩌면 당연한 설문결과라서 그리 이상하지도 않다. 그러면 불필요하다고 생각하는 이유는 무엇일까? 안타까운 소식이지만 우리는 이력서에 정말 쓸데없는 내용들로 빈칸을 채웠고, 그게 통하지 않았다는 것이다. 꾸역꾸역 배 속에 집어넣으면 소화가 될 것으로 착각하면서 닥치는 대로 먹어 치우는 것은 건강만 해칠 뿐 실제로는 약값도 안 나오는 멍청한 짓이다.

그러면 왜 이런 것들이 쓸데없을까? 당연히 직무와 연관성이 높지 않기 때문이다. 그냥 무분별하게 스펙을 늘리면서 자신이 취업문에 가까워지고 있다는 생각에 입꼬리가 올라가고, 옅은 미소를 지어봤자 소용없다는 얘기다. 그렇다면 왜 직무와 연관성도 없는 것들을 빗자루로 쓸어 담듯 이력서에 담고 있을까? 심리적 불안요소가 작용되었기 때문이다. 다른 누군가와 경쟁해야 한다면 단 0.1%의 강점이라도 내세우는 걸 마다할 이유가 없다. 이런 순진한 생각을 하다보니 자신이 살아온 인생 전체를 이력서에 담거나 회사에서는 관심도 없는 자격증을 차곡차곡 쌓아 올리고 있다.

요즘은 블라인드 채용 등 스펙을 최대한 배제하고 실무 역량 평가를 중시하는 기업이 많아진 것도 사실이다. 그러나 스펙을 고려하지 않고 채용하는 것은 거의 불가능하다. 직무중심으로 사람을 채용한다면 그 사람이 직무에 적합한지를 나타내는 몇 가지 정보는 필수인데, 완전 새까맣게 블라인드를 친다면 과연 그 능력을 확인할 수 있을까? 면접관이 무슨 점쟁이도 아니고 관상을 보고 이 사람이 직무에 능력이 있을지 없을지를 어떻게 아느냐는 말이다. 말로는 표현하지 못하는 것도 있으니 적절하게 서류에 담겨야 하는 부분이 있다.

기업은 신입이든 경력직이든 실무에 빨리 적응해서 각자의 역할을 해주기를 바란다. 신입사원한테 바라는 게 많다고 생각할 수 있으나 어쩔 수 없다. 누구나 자신의 강점을 말하고 싶고, 자신이 일할 준비가 되어 있음을 보여주고 싶다. 그래서 공부하고 자격증도 취득한다. 대부분의 필수스펙은 직무와 연관성이 높은 경우가 많고, 나름 객관적이다. 기업이 원하는 자격을 갖추면 합격률이 높아질 수밖에 없다. 그

중 최고봉은 역시 업무 관련 자격증이다.

그래도 자격증 하나는 필요하다

얼마 전 신입사원 채용 중 이력서를 보면서 쓴웃음을 지었다. 이게 다 뭐에다 쓰는 물건인지 건빵 다섯 개를 입에 넣은 듯 답답했다. 자격증 수집이 취미인가? 아니면 잔치를 하고 싶은 것인가? 자신이 보유하고 있는 자격증의 개수가 직업에 대한 열정이 얼마나 큰지를 나타내는 지표로 보는 경향이 있는 듯하다. 자격증이 많다고 해서 개인의 능력이 대단해 보이지 않는다는 것을 알아야 함에도 말이다. 돋보이지는 않았지만 그래도 뭐라도 써내겠다는 그들의 의지에 박수를 보낸다. 자신의 가치를 더하고자 한다면 자격증이 자신의 약점을 보완하거나 강화할 수 있는 아이템인 것은 분명하다.

우리는 언제부터 이렇게 자격증을 사랑하게 되었을까? 사실 국가자격이나 국가공인 자격증을 제외한 것들은 민간자격증이다. 즉, 협회를 구성한 단체들이 수익사업으로 자격증 제도를 운영하고 자신들의 주머니를 채우는 경우를 말한다. 자격증의 이름은 그럴싸하지만 실제로는 자격증으로서의 효용가치는 없다. 시간의 투자대비 효율을 비교해본다면 오히려 마이너스 자격증이다. 이런 민간자격증은 비싸다는 특징이 있다. 말 그대로 돈으로 자격증을 산다는 것을 인사담당자가 모르겠는가?

공인회계사, 공인노무사 등의 전문직 자격증은 사실 사회생활을 하는 우리에게는 와 닿지 않는 자격증이다. 이런 자격증을 생각했다면 이미 어렸을 때부터 책상과 친해졌어야 했다. 직장생활을 하면서 "이 망할 회사, 더러워서 못 해 먹겠네!"라는 한탄과 환골탈태의 모습을 보이겠다는 의지에서 시작하는 공부는 의미가 없다. 삶이라는 무게에 짓눌린 상태라 취득하기란 정말 하늘의 별 따기보다 어렵기 때문이다. 그래도 하고 싶다면 죽어라 공부를 하면 되겠지만, 사실 실현가능한 다른 것으로 강화하라고 말하고 싶다.

H기업 인사팀 차장으로 중간관리자 역할을 하던 친구의 카톡에 낯선 명함이 보였다. 회사에 다니면서 공인노무사 자격증을 취득했다고 발표한 것이다. 부럽다는 생각보다는 그냥 다른 세상 이야기처럼 듣고 흘려버렸다. 이 친구는 책을 한 번 쓱 보면 두뇌에 바로 스캔이 되는 미친 천재에 가까운 사람이기 때문이다. 평범한 두뇌를 가진 나와는 차원이 달랐다. 나는 열심히 해도 그 친구처럼 안 된다는 것을 잘 알고 있다. 나에게는 현실을 파악할 수 있는 마음의 문이 열린 듯해서 다행이었다.

꿈과 목표를 구별할 수 있어야 하고 당신의 꿈을 목표로 바꿀 수 있어야 한다. 나는 꿈을 꾸지 않았고 몇 가지의 목표를 세워 달성했다. 하나는 미국 공인 인사자격증인 PHR$^{Professional Human Resources}$이고, 또 하나는 국가공인 전산세무1급 자격증이다. 둘 다 취득하기가 만만치 않은 자격증인데, 행정업무 특히 관리자 역할을 하고 있는 나에게 힘을 줄 뿐만 아니라 수많은 판단을 쉽게 내릴 수 있도록 하는 내 지식의 원천이다. 이처럼 현실적이면서도 강력한 하나의 자격증은 나를 돋보이게 한다.

그러나 "저 친구 사회성에 문제 있는 거 아니야?"라는 뒷말은 감수해야 했다. 공부할 때 나는 1년 정도는 친구들과의 만남을 포기하고, 회식자리에도 참석하지 않았으니 말이다. 인간성이 제로인 사람으로 낙인 찍혔다는 것을 나는 알고 있다. 공부와 사생활을 구분 짓지 못하면 목표를 달성하기 어렵다는 것을 알았기 때문에 불안한 마음은 없었다. 평일에는 퇴근하고 세 시간을 꼬박 채워 공부해야만 잠자리에 들었고, 주말이나 공휴일에는 열세 시간씩 공부했다. 그렇게 해서 자격증 취득이 PHR은 4개월, 전산세무1급은 3개월 걸렸다. 모든 일에는 반드시 물리적인 시간이 필요하다. 자격증 공부는 한 번에 합격하겠다는 마음으로 열정적으로 준비해야 한다. 시간의 집약과 관리가 성패를 가름하기 때문이다.

일을 하다보면 일처리가 시원찮아 님에게 깨지는 경우가 있다. 고개는 절로 숙여지고 얼굴은 기름기 가득한 열기에 휩싸인다. 나는 능력이 없는 것인가, 아니면 월급도둑인가? 우리는 노력부족을 능력부족으로 착각해서 스스로 가치를 떨어뜨리고 있다는 사실을 모르고 살아왔다. 노력을 이기는 천재는 없듯이 노력하는 사람에게는 장사 없다. 누구든지 노력 여하에 따라 성과를 낼 수 있고, 자기계발도 이루어낼 수 있다. 때때로 변화는 작은 걸음에서부터 시작된다. 지속해서 해야 하며 남들이 현실에 안주하고 있을 때 실행해야 한다.

사람들의 입사지원서나 인사카드에 담긴 경력과 학력사항, 자격사항을 검토하는 것이 내 직무 중 하나다. 사람들을 만나야 하고 청춘들과도 대화를 나누면서 그들의 의식정보를 얻고 분석하는 것이 내 직업이다보니, 사람을 관찰하는 습관이 생겼다. 언제부터인가 사람들의 외면보다는 내면을 보기 위한 다양한 사고를 하기 시작했다. 그래서 내면을 채우는 것은 무엇보다 중요하다. 그런데 모든 사람이 자신의 내면을 볼 수 있는 것은 아니다.

나를 알기 전까지 나를 나타낼 수 있는 무언가가 꼭 필요하다. 그러나 무분별한 것은 지양해야 함을 잊지 말아야 한다. 자격증이나 각종 경험을 보여주기 식으로 나열하는 것은 절대 좋은 평가를 받을 수 없다는 것을 알아야 한다. 열 개의 조잡한 자격증보다 강력한 하나의 자격증이 당신을 돋보이게 한다. 자신의 스펙을 간소화하고 딱 한두 가지의 경험이나 핵심 자격증을 확보하기 바란다.

Tip

합격률 15% 내외의 자격증에 도전하라. 그 이상은 가치가 낮거나 무의미하다.

3-7 침묵을 깨는 한마디의 힘

"누구의 말에도 귀를 기울이고, 누구를 위해서도 입을 열지 말라."
윌리엄 셰익스피어 William Shakespeare

세상엔 다양한 사람들이 한데 모여 그들만의 집단을 이루며 살아간다. 우리는 그것을 사회라고도 하고 조직이라고도 한다. 생존을 위해서 생각하고 그것을 몸으로, 행동으로 보여준다. 그러기 위해서는 공감능력이 필수인데, 공감한다는 것은 상대가 있다는 것이다. 혼자만 한다고 되는 일이 아니다. 공감은 표현되었을 때 상대에게 전달되고 우리가 추구하는 목표에 다다를 수 있다.

공감의 표현을 담당하는 기능이 언어다. 언어가 없었다면 인간을 포함한 지구상의 모든 동물들이 과연 공감능력을 갖추게 되었을지 의문이다. 모든 생물은 그들만의 언어가 있다. 서로의 의견을 확인하면서 나와 다른 생각을 알아갈 수 있는 것은 언어라는 기능이 작용하기 때문이다.

회의에서는 유독 말이 많거나 말을 아끼는 사람이 있다. 그들의 특징은 자신의 의견이나 생각이 주제와 동떨어져 있거나 아니면 아무런 생각이 없어서이다. 말이 없는 사람은 자신만의 사고가 있음에도 불구하고 자신의 의견이 현 상황에서 적절히 융합될 수 있는지에 대한 의구심이 들어 꿀 먹은 벙어리가 되기도 한다.

"자, 여러분의 생각은 어떠세요?"라고 높으신 님이 한마디를 더 던진다. 말하라고 하면 누가 하겠는가? 님은 조금씩 답답해지는지 나머지 참석자들에게 한마디라도 하라고 다그치기 시작한다. 다그쳐야만 말할 수 있는 것인가? 회의가 가지고 있는 맹점이 여기에 있다. 회의를 위해 회의를 하는 것이고, 결론은 정해져 있다. 회의는 담당자 중심으로 안건에 따른 계획이나 대책을 논하는 자리이며, 결국에는 일의 방향성을 정하는 중요한 의식이다. 그러나 업무의 방향성에 그저 님이 자신이 왜 그것을 원하는지를 발표하는 자리가 되어버리는 게 일반적인 회의이다.

님의 이야기만 듣다보니 블랙홀에 빨려들어 가듯 회의의 흐름을 놓치는 경우가 발생한다. 이때 우리는 둘러대는 말을 하게 되는데, 그럴 거면 차라리 아무 말도 하지 않는 게 좋다. 나의 신뢰를 깎아내리기 때문이다. 모르면 모른다고 하는 게 오히려 도움이 된다. 이런 경우를 말을 아낀다고 표현하는데, 사실은 말을 하고 싶지 않은 경우다. 말을 해봐야 내 입만 아프고 잘 통하지 않을 것 같아 애초에 발단을 만들지 않는 것이 상책이라 생각하기 때문이다. 이미 정해져 있는 틀에 내 의견을 끼워 맞추는 게 어디 쉽겠는가?

경영전문가들이 하는 말이 있다. 회의시간에 님이 말하는 시간이 길어질수록 회사는 망해간다는 것이다. 사원에서부터 님까지 다양한 사람들이 유기적인 움직임을 보였을 때 회사라는 조직이 작동하는데, 유독 우리의 회사는 님의 의견과 생각만 듣게 된다. 침몰하는 배의 선장은 침몰 직전까지 배를 버리지 못한다고 했던가. 침몰을 인정하지 못하는 것처럼 자신의 말이 아직도 배를 움직일 수 있다는 착각에 빠진다.

채용과 관련한 면접도 마찬가지이다. 인사관리자 세미나에서 나는 인사담당자들에게 면접을 할 때 면접관과 면접참석자 간 하는 말의 적당한 비율을 말해보라는 질문을 한 적이 있다. 인사담당자, 관리자, 책임자들을 불문하고 대부분이 면접관 30%, 참석자 70%라고 말했다. 면접관의 질문에 참석자가 대답하는 것이 면접이라고 대부분이 그렇게 말했다.

우리 의식 속에 자리 잡은 애매한 숫자를 말할 때는 100도, 50도 아닌 그 중간쯤인 70~80을 말하는 본능이 작동하나보다. 모든 것을 통용할 수 있는 신의 숫자처럼 말이다. 사실은 그게 아니다. 내가 소속되어 있는 미국 인사인증협회Human Resource Certification Institute에서는 면접관과 면접참석자가 50:50으로 서로의 질문과 답변 그리고 반대로 질문과 답변을 하는 것이 면접이라고 정의한다. 서로의 이야기를 대화처럼 풀어내는 것이 면접인 것이다. 이처럼 말의 개념은 동서양에서 보는 관점부터 다르다.

요즘 우리는 말을 조심하면서 살아야 한다는 강박관념 속에 살고 있는 듯하다. 말 자체가 가지는 본연의 목표와는 다르게 마치 사회 속에서 해야 할 말이 정해진 듯 사람들이 듣고 싶어 하는 말만 하기 위해 연습을 하는 것처럼 말이다. 말의 중요성과 잘 말하는 것 그리고 왜 말을 쉽게 꺼내지 못하는지를 살펴보면, 가장 앞선 문제는 다른 사람을 의식한다는 것이다. 타인이 있기에 나도 존재하고 대화를 이어갈 수 있다고 생각한다면 상대를 의식하는 게 어쩌면 당연하다. 그러나 그 사람이 '내 말을 어떻게 들을까?'라는 내 무의식이 작동했을 때, 내가 하고 싶었던 본연의 말은 머릿속에서 급하게 가공된다.

그럴 필요가 있을까? 물론 상대가 듣기 불편한 사실이나 이야기를 하는 것은 조심할 문제다. 이것은 상대가 듣고 싶은 말을 하는 것과는 무관하다. 그렇다고 듣고 싶은 말을 위해 가공된 이야기를 한다면, 상대는 나름의 촉으로 그것이 가공된 것임을 즉시 알아차릴 것이다. 날 것으로 된 말을 하자는 게 아니다. 상대가 듣고 싶어 할 말을 가공하는 것은 오히려 역효과가 난다는 얘기다. 문제는 조금씩 쌓여갈 것이고 언젠가는 팽창해 폭발로 이어진다. 이것을 우리는 불신의 원인으로 지목할 수 있고, 다툼의 원인으로도 볼 수 있다.

"저는 단지 제 생각을 말하는 것이니 판단은 각자의 몫입니다."라고 말하고 싶다. 회의석상이든 누군가와의 대화에서든 머릿속에서 가공된 말이 아니면 좋겠다. 이것은 내 생각을 잘 전달하기 위한 말과는 분명히 다르다. 부드럽게 가다듬는 말과 양념이 가득 찬 말이 과연 나에게는 어떻게 작용할까? 실제로 말을 잘할 필요는 있다. 자신의 의견이 상대방에게 잘 전달만 되어도 그 본연의 임무는 끝나는 것이다. 전두엽을 거쳐 한번 정리된 것으로도 충분히 가능하다. 반드시 준비하고 말해야 하는 이유이다.

우리는 유난히 말과 관련된 속담도 많고 미담도 많은 사회 속에서 살고 있다. 서점에 가면 말과 관련된 자기계발 서적이 산처럼 쌓여 있다. 말을 한 번 쏟아내면 다시는 쓸어 담지 못하기 때문에 말의 조심성을 지속해서 자각하기를 바라는 인식이 고스란히 사회 속에 녹아있다. 분명한 것은 내가 말재주가 있건 없건 상관없이 사람들은 자기가 하는 말을 더 중요하게 생각할 뿐 남의 말에 기대치가 높지 않다는 것이다.

나는 말을 많이 하고 자신이 떠들고 싶은 것을 마음껏 떠들라는 이야기를 하는 게 아니다. 자신의 생각을 간단하게 정리할 수만 있다면 충분하다. 회의시간이나 사람들과의 대화에서 침묵하지 말고 솔직하게 자신의 의견을 말하기 바란다. 다른 사람의 시선을 의식하지 말고 내가 옳다고 생각하는 것을 말하고 행동하면 된다. 너무 튈까봐 관습적인 상태에 머물려고 하지 말고 생각의 흐름대로 정리된 말을 꺼내어 몸을 움직이면 좋겠다.

대통령을 충격에 빠뜨린 청년

임명장을 받은 그날, 청와대 본관에 마련된 자리에서 나는 장관과 비서관급 몇 명과 함께 앉았다. '아, 왜 이런 자리를 준 거야.' 이런 생각이 절로 들었다. 대통령 님의 인사와 당부 말씀이 끝날 때쯤 질문 있으면 손을 들라는 얘기에 내 귀가 활짝 열렸다. 마치 나를 부르는 듯해서 손을 번쩍 들었고, 나는 "청년 취업문제를 실제 체감할 수 있는 계획이 나와야 합니다. 지금까지는 정치적 결정이 다수를 이루고 있기 때문에 제자리걸음입니다. 현실적 대안을 가지고 5년, 10년을 계획해야 합니다."라고 힘주어 말했다.

내 앞에 앉아 있던 ○○○ 장관님의 얼굴이 일그러지는 걸 곁눈질로 볼 수 있었다. 마치 '그만! 적당히 말해라. 지금 그걸 몰라서 그러냐?'라는 표정으로 나를 노려보고 있었다. 나는 단지 청춘들이 겪고 있는 묵직한 체감상황을 알려주고 싶었을 뿐이고, 나름 논리적이었다. 대통령 님은 "한상권 님의 말 잘 들었습니다. 충격적이네요. 함께 고민해봅시다."라며 웃음과 함께 내 발언에 대한 답변을 5분 동안 이어나갔다. 그날 이후 공무원들 사이에서는 나를 '대통령 님을 충격에 빠뜨린 청년'이라 부르곤 했는데, 대부분 웃으며 "괜찮아."라고 격려해주는 분위기였다.

말을 힘들게 생각할 게 뭐 있을까? 자신의 생각을 가감 없이 말하면 되는 것이다. 말하기 전에 내용이 정리가 되면 좋고 쓸 만한 단어를 선택하면 더 좋다. 생각이 입으로 나오지 않으면 그것은 현실에 적응한 우리의 삶이기도 하고, 그저 현 상황을 벗어나고 싶은 게으름에서 나오는 도피일 뿐이다. 당신만의 사고를 배출할 줄 아는 사람이 되면 좋겠다. 누구나 님이 있는 자리에서는 말을 숨기게 마련인데, 실수는 곧장 낭떠러지로 나를 초대한다는 것을 잘 알기 때문이다. 그러나 내가 존재할 수 있는 이유는 나 한 사람의 존재를 인정하고 받아들이기 때문에 가능한 것임을 알아야 한다.

세계에서 가장 고난받았으면서도 성공적 삶을 누리는 민족이 있다면 누구를 말하는가? 보통은 '유대인'이라고 말한다. 그렇다면 빌 게이츠, 스티븐 스필버그, 스티브 잡스, 저커버그 등 헤아릴 수 없을 정도의 성공적 인물을 배출할 수 있었던 배경은 무엇일까? 어느 민족도 마찬가지겠지만 유대인 또한 그들만의 자녀교육 철학이 있다. 그 정점에 있는 것은 식사자리에서의 토론이다.

저녁식사 테이블에 모여 앉은 가족들은 학교에서 겪었던 이야기나 책 속의 사색, 사회의 이슈들을 정열적으로 토론한다. 생각의 흐름이 끊길 일이 없는 것이다. 이것을 그들은 '하브루타havruta'의 시작이라고 말한다. 그렇게 자란 아이들은 누구도 생각지 못할 아이디어를 뽑아낼 수 있는 것이고, 그게 바로 우리의 삶을 바꾸는 제품이 되기도 한다. 나는 그것에 비할 바는 아니지만 말할 기회를 놓치지 않고 살아가고 싶었다. 토론도 좋고 말싸움도 좋다. 격양되더라도 잠시 기분을 전환해 쓸 만한 마무리를 지을 수만 있다면 훌륭한 시간이 될 것이기 때문이다.

당시 부처가 재편되었는지, 내가 속해 있는 부서는 국무총리실로 이관되었다. 그때 나는 국가기념사업 같은 기획업무와 문화예술 그리고 역사와 관련된 사업에 참여하면서 밖에서는 볼 수 없는 다양한 일들을 경험했다. 임기가 끝날 때쯤엔 현실을 받아들이고 더 많은 일을 할 수 있는 중소기업에 취업했다. 중소기업이라고 하지만 나름 중견기업으로 인정받던 회사였기에 그 조직에서 핵심인력이 되고 싶은 나만의 꿈을 꾸었다. '여기서 다시 시작한다!'라는 마음이었으니 말 그대로 청춘이었나보다.

Tip

사람들은 남의 말에 관심이 없다. 눈치 보지 말고 자신의 말을 하라. 핵심파악을 하고 자신이 80% 이상 확신이 서는 아젠다(agenda)일 경우에만 발언하라.

4장

희망은 정신을 자극한다
나는 희망을 현금으로 사지 않는다

4-1 삶이 나를 버렸다는 생각이 들 때

"재앙 속에서도 여전히 승리는 가능하다. 나는 잔잔한 파도는 누구나 견뎌낼 수 있지만, 성난 폭풍이 몰아칠 때는 풍랑을 견디며 앞으로 나아가는 사람만이 성공한다는 사실을 배웠다."

필립 맥그로Phillip C. McGraw

가난한 시골청년이 있었다. 간경화로 돌아가시기 전 청년의 아버지는 "나는 배우지 못해서 괄시를 받았다. 내 아들은 그러지 않으면 좋겠다."라는 유언을 남겼다. 아버지의 병수발로 고등학교 진학을 포기했던 소년은 상경을 했다. 청계천의 한 수도공구상에 취직해 파이프를 나르고, 공구조립을 하면서 야간학교에 입학했다. 공장에서 일하고, 막노동을 하며 고단한 삶을 살아가던 청년은 그렇게 학교졸업이라는 희망의 끈을 놓지 않고 학업을 이어나갔다. 낮에는 청계천 아래 쇳가루와 새까만 기름이 묻은 어두운 곳에서 일했지만, 졸업을 위해 포기하지 않았다.

유일한 피붙이이자 서울대학교에 다니던 삼촌의 영어공부를 해야 한다는 한마디에 청년은 영어공부를 시작했다. 수첩에 열심히 단어를 써 내려가며 시간이 날 때마다 단어장을 꺼내 외우기를 반복했다. 끊임없이 노력하는 그의 모습을 보면서 동료들은 송충이는 솔잎을 먹고 살아야 한다며 현재의 수준에 만족하라고 손가락질을 했다. 청년은 그래도 기죽지 않고 오로지 사람대접을 받기 위해 악착같이 공부했다.

토플TOEFL시험을 본 그는 높은 순위로 국비 장학생이 되어 미국으로 떠났다. 미국에서 10년간의 유학생활을 마치고 돌아온 청년은 울산대학교 영어과 교수로 임용되었는데, 인생이 통째로 바뀐 자신을 바라보는 옛 친구들에게는 성공한 사람으로 회자되었다. 그는 신문사에 영어 기고문을 쓰면서 유명세를 타기 시작했고 책도 썼는데, 그 책은 출간 당시 MBC에서 선정한 '화제의 책'으로 뽑히기도 했다. 이상은《열심히 공부한 당신 떠나라》의 우보현 작가 이야기다.

내가 우보현 작가를 만난 곳은 호치민의 작은 포장마차였다. 2012년 하노이 주재원을 마치고 인도차이나반도(베트남, 라오스, 미얀마, 태국, 캄보디아, 말레이시아)를 한 달간 여행한 후, 마지막 기착지인 호치민에서 3일간 머무르며 휴식을 취하고 있을 때였다. 그날 저녁 나는 현지인들이 많이 찾는다는 포장마차 거리에서 저녁식사와 함께 호랑이 얼굴이 몽타주 되어 있는 맥주 한 잔을 마시고 있었다.

호치민의 옛 이름은 사이공Saigon인데, 호치민 대표맥주는 사이공이다. 나는 사이공 맥주와 마른 한치를 주문했다. 쪼그리고 앉은 의자 앞

조그만 플라스틱 테이블에 주문한 메뉴가 올려졌다. '탁' 하고 터지는, 내부에 갇혀 있던 맥주의 탄산은 제 물을 만난 듯 공기 속에 흘러들었고, 시간이 얼마나 흘렀을까? 건장한 남성 두 명이 내 어깨가 맞닿을 만한 옆좌석에 자리를 잡으며 한국말을 하고 있는 게 아닌가. 나는 실로 오랜만에 만나는 한국인이었기에 반가운 마음에 인사를 건넸다. 흔쾌히 맞아준 그들과 테이블까지 합치게 되었고, 함께 저녁을 즐기며 이야기꽃을 피웠다.

"저는 미국에서 오래 살다 왔어요."라고 말하는 콧수염을 기른 남성은 자신은 영어를 가르치기도 하고 책도 쓴다고 하는데 도무지 믿기지가 않았다. 생김새만 봐서는 베트남으로 신붓감을 찾아 나선 한국의 시골 아저씨 같았을 뿐이다. 그는 자신의 말을 증명하려고 미국 운전면허증까지 제시했지만 나는 방콕 카오산로드에서 만든 가짜라고 단정을 지었다.

우보현을 처음 만난 그날, 그의 이야기는 들으면 들을수록 사기꾼의 냄새가 솔솔 풍겼다. 자칭 작가로 포장해서 나에게 접근하는 그 자세가 전문사기꾼처럼 보였기 때문이다. 특히 머리에서 발끝까지 풍기는 이미지는 그걸 증명하기에 충분했다. 자신이 그 유명한 책을 펴낸 우보현이라고 말하는 것 자체가 거짓이지 싶었다.

〈해외 속 한국인 사회〉
해외에 살다보면 세 부류의 한국인이 존재하는데, 다음과 같다.

1. 주재원 (기업, 공관, 사회단체)

2. 교민 (이민, 투자, 도피)

3. 학생 (유학생, 어학연수)

* 여행자 및 단기체류는 제외

이 세 부류의 한국인은 대부분 종교를 중심으로 커뮤니티를 형성하고 있는데, 그중에서도 교회가 핵심을 담당한다. 어느 나라를 가도 절대불변의 구조이니, 자신이 살고 있는 나라는 아니라고 부정할 필요는 없다. 그 외에는 한인회, 상공인 모임 또는 정부지원 단체들로 한인사회를 유지하고 그들 생활의 안정을 위해 서로 돕고 돕는다.

해외생활이라면 이골이 날 만큼 나 있는 나는 외국에서 한국사람들의 관계가 어떻게 형성이 되고 어떤 문제가 있는지 사실 너무나 잘 알고 있었다. 그래서 더욱 경계를 늦출 수가 없었다. 해외에 나가면 오히려 자국민을 조심하라는 얘기를 들어본 적이 있을 것이다. 대다수의 사람들은 그렇지 않지만, 가끔 같은 나라 출신이라는 이유로 믿음을 보였을 때 그 사람으로부터 다소 황당한 일을 겪을 수도 있으니 미연에 조심하라는 얘기다.

"상권 씨는 어때요?" 그는 나에게 어떤 삶을 살았냐고, 그리고 인생에 만족하느냐고 물었다. 뜬금없는 인생 이야기에 나는 놀랐지만, 그래도 여행자의 열린 마음이 아직은 존재하지 않았던가! 나의 복잡했던 청소년기와 고단한 직장생활을 안주 삼아 침을 튀기며 "인생은 빡

세!"라고 말했다. 그리고 그 빡센 인생의 중심에 서 있는 듯하다고도 했다. 그리고 그의 인생을 들었다. 대단한 삶이었다. 내 청춘을 울리기에 충분했고, 터져 나올 듯 심장을 요동치게 만들었다.

우리는 부족한 현실과 자신의 모습을 과거의 고통에서 머물게 놔두기도 한다. 그것을 미래를 위한 노력의 밑거름으로 만들었다면 지금 당신의 모습은 또 어떻게 변했을까? 우리는 작은 것에서부터 혼란과 아픔을 겪는다. 그것이 자신의 의지와는 상관이 없다면, 그 혼란의 시간은 몇 배로 길고 오래 가게 되어 결국 나를 옥죄는 쇠사슬이 되고 만다. 우리는 삶의 방식이나 방향에 대해 후회를 하고 싶어도 무엇을 어떻게 해야 하는지, 내 모습을 어떻게 긍정하는지도 알 수 없는 지경에 빠지기도 한다. 더 이상 앞을 볼 수 없는 퇴화한 눈을 가진 북한산 기슭의 도롱뇽처럼 말이다.

다른 사람의 답은 나의 답이 될 수 없다는 것을 인정하면 삶 자체가 조금은 수월해질 수 있고 나에게 집중할 수 있다. 자신의 상황을 받아들이고 현실을 긍정한 우보현 작가의 인생은 그래서 아름답다. 실패와 성공의 정의는 이분법적 사고를 필요로 하는 게 아니다. 특히 인간들의 잔머리와 악취가 풍기는 쓰레기장처럼 해석을 필요로 하는 것도 아니다. 지금 당장은 정답이 아닐지언정 언젠가는 정답이 될 수 있다는 희망을 품고 우리는 살아야 한다.

고통을 이겨내고 큰 무대에 서는 인생 스토리는 '뱁새가 황새를 쫓아가면 가랑이 찢어진다'는 우리의 삶 속에서 시대를 관통하는 노력의 결실이 있었다. 우보현 작가는 사람대접을 받기 위해서만 공부한 것이 아니다. 열정이라는 게 무엇인지 알고 있었고 실천했을 뿐이다. 삶이 자신을 버렸다고 생각하지 않고 노력을 통해 인생의 변화를 지켜봤다. 영어에 미친 놈이라고 말하던 공장동료들의 손가락질은 결국 부러움의 표현이었음을 알게 되었다. 그들은 하지 못했다는 불안한 마음으로 다른 사람의 노력을 평가절하하면서 치유한 것이다.

과거에 머물기보단 미래에 희망을 품은 당신이 아름답듯이, 고난과 아픔을 딛고 끊임없이 무언가를 한 우보현 작가의 이야기는 우리에게 희망을 꿈꾸게 해주었다. 공장에서 일하고 고등학교 졸업도 못 했던 소년이 현실을 부정하고 모든 것을 포기했다면, 우리는 그의 이야기를 들을 수 없었을 것이다. 현실의 부정은 희망을 말살하기 때문이다. 어쩌면 이게 나의 모습이 아니었을까? 그날 밤 이후로 다시는 그를 볼 수 없었지만, 청계천의 전설이 된 그의 이야기는 나에게 '인생은 아름다워'라는 것을 증명이라도 하듯 그날 내 앞에 나타났다. 삶은 어디에서든 연장되고 지속되는구나!

> **Tip**
>
> 지금의 고난은 미래의 큰 자산이고, 지금의 부족함은 열정으로 메울 수 있다. 멈추지 말고 그 산을 뛰어넘어라.

당신의 역할이 당신을 만든 것이지 애초부터 그렇게 태어난 것은 아니다

"인간에게는 의식적인 노력으로 자신의 삶을 높일 능력이 분명히 있다는 것보다 더 용기를 주는 사실은 없다."

헨리 데이비드 소로Henry David Thoreau

당신의 역할은 상황에 따라 달라질 수 있다. 당신은 이미 어느 상황에도 맞게끔 그 역할을 할 수 있도록 설계되어 있다는 것을 알아야 한다. 지금 당신에게 주어진 역할이 항상 그 역할을 수행하기 위해 고정된 것 또한 아니다. 우리는 언제든지 지금의 능력을 뛰어넘을 능력을 타고 이 세상에 나타나지 않았는가. 상황이나 환경에 따라 우리 개개인의 역할이 달라지기도 하고 두뇌도 그것에 맞게 활동하기 시작한다.

회사에서 일 잘하는 사람과 일 못 하는 사람, 똑똑하거나 느려 터져 답답한 사람에 대한 평가는 그 일 자체에서 내려지는 하나의 주관적 견해다. 일을 잘하고 못 하고의 기준은 회사라는 장소와 그 일의 내용에 따라 정해지는 것이지, 그 사람 자체가 정말 일을 잘하거나 똑똑한지는 알 수 없다. 회사에서 능력 있다고 해서 집안에서도 그렇다고 할 수 없는 것 아니겠는가. 우리는 상황에 맞추어 한 사람을 투영해 비추어보는 나만의 시각이 존재하며, 이것을 주관적 견해라고 한다. 그래서 누군가를 바라볼 때는 객관화가 중요하다.

직장을 기준으로 생각해보자. 요즘 대부분의 직장에서는 성과평가가 일반화되어 있다. 한 사람이 모여 단체가 되고 회사를 이루는 집단이 되어 있어 그들이 모여 일을 할 때 업무능력의 높낮이를 구분 짓은 도구가 필요했다. 그래서 성과평가를 사용한다. 물론 연차에 따르거나 직위 또는 직급에 따른 임금 테이블을 다르게 가져가고 있기도 한다. 요즘 세계 인력시장이 장려하는 추세는 성과에 따른 임금의 차등 지급이다. 맡은 일에 따라 별도의 보상방안을 가지는 이른바 직무중심 급여체계는 다루지 않더라도 말이다.

평가를 할 때 정확한 수치로 나타내기 힘든 업무의 종사자들이 있다. 예를 들어 서비스 직종이나 사무업무를 주로 맡은 사람들에게는 평가항목 자체가 상당히 주관적일 수밖에 없다. 물론 몇 가지 수치화된 것이 있으나 그 이외의 것이 그렇지 못하다는 얘기다. 그래서 평가자와의 신뢰관계가 평가점수에 투영될 수 있다는 것쯤은 우리도 잘 알고 있기에 연말이 되면 많은 사람의 볼멘소리가 접수될 수밖에 없는 것 아닐까?

일 못 하던 선배의 사업성공

귀국 후 다니던 대기업은 일을 엄청 많이 하는 회사였다. 그만큼 매출도 높고 직원들에 대한 보상도 나름 충분히 이루어지고 있었지만, 일이 많아서 그런지 그것도 적다고 느껴졌다. 나는 실무책임자, 선배는 관리자 역할을 하며 거의 매일 밤 야근을 했다. "선배님, 우리 이러다 타죽는 거 아니에요?", "아니야, 타죽기 전에 탈출해야지." 선배의 말에는 진심이 묻어 있었다. 일을 도와줄 사람도 줄여줄 사람도 없어서 무식하게 그저 끝내야만 하는 우리 눈빛은, 나무늘보의 껌뻑거리는 두 눈처럼 시퍼런 다크서클에 가려져 초점을 잃었다.

우리의 상황은 최악이었다. 단시간에 개선될 여지가 보이지 않았기 때문이다. 일에 치여 살다보면 실수로 잘못된 수치들이 나오게 마련이다. 사고가 터지고 님으로부터 질책이 빗발칠 때마다 우리는 매번 떨리는 가슴을 두 손으로 누르며 숨을 죽이고 회사에 다녔다. 개선을 위한 기술적 변화는 더디기만 했다. 그 정도로 일의 성과는 나아지지 않았다.

그러던 어느 날, 선배는 돌연 사표를 냈다. '얼마 전 그 이야기가 빈말이 아니었구나.' 자신의 실력이 이 정도밖에 안 되니 더 이상 자신을 지켜낼 일말의 양심이 없다는 것이 퇴사이유였다. 그런데 우리는 놀라지 않을 수가 없었다. 알고 보니 선배는 1년 전부터 영등포에 쫄면집 개업을 준비하고 있었던 것이다. 맛집으로 통할 수 있는 갖가지

184

준비를 이미 완벽하게 해놓고 있었다. 한번 놀러 오라는 선배의 성화에 동료들과 들렀는데, 평소 맛보았던 그런 평범한 쫄면맛이 아니고, 매콤하면서도 잔잔하고 은근하게 입속에서 착 감기는 그 맛은 단연 최고였다.

그렇게 선배는 퇴직 1년 만에 창업에 투자한 돈을 회수하고 많은 돈을 벌면서 가정의 화목 또한 배가되었다고 한다. 코로나19 사태로 다소 손님이 줄었지만, 나름 버틸 수 있는 내공도 쌓여 있었다. 선배는 회사에서 맡았던 일에서는 성과가 지지부진했지만, 자신이 만들어 낸 상황에서는 그가 가지고 있는 모든 게 가치였고 능력이었다. 상황의 변화에서 가치를 찾아낸 것은 환경의 변화에 따른 욕구들이 얼마나 우리의 성장을 도모할 수 있는지를 일깨워준다.

직장에서 저평가되고 변할 수 없다는 생각은 피해의식을 양산한다. 만약 그런 피해의식에 사로잡혀 있다면 자책하고 머리를 쥐어뜯으며 막걸리로 하루를 달랠 필요는 없다. 직장에서 나타나는 실력이 당신을 정의할 수 없듯이, 당신도 변화할 수 있다는 것을 알아야 한다. 매일같이 막걸리 통을 위아래로 흔들고, 거품이 새어 나오지 않게 중간을 손가락으로 꾹 누르는 일련의 의식을 행했음에도 불구하고 결국 터져 나와 테이블을 적시는 거품처럼 우리의 생활은 내 마음대로 되지 않는다. 탄산이 가라앉을 때까지 조금이라도 기다린다면 거품은 일어나지 않고 테이블도 적시지 않을 것이다.

이렇게 작은 상황의 변화는 꼭 필요하다. 당신은 상황의 변화로 당신의 가치를 끌어낼 수 있다. 그 가치는 절대적이지 않다는 것을 인정하고 받아들인다면 객관화를 가장한 주관적인 행태를 쉽게 이겨낼 수 있다. 매일 쫄려 있는 가슴으로 또 다른 쫄림을 양산하고 실수를 만들어내는 악순환의 고리는 당신만이 끊을 수 있다.

당신은 단지 자신에게 유리한 일들을 수행하지 못했을 수도 있고, 상황과 역할에서 당신이 빛을 보지 못했을지도 모른다. 비록 평가표의 점수가 C를 찍고 있더라도 말이다. 그래서 어느 조직이든 구성원들을 적재적소에 배치해서 가장 좋은 성과로 연결하는 작업에 사활을 거는 것 아니겠는가! 하나의 사건만으로 당신이 좋은 사람이다 나쁜 사람이다 구분 지을 수 없다. 걱정하지 않기를 바란다. 당신의 역할이 단지 당신을 만든 것뿐이지 당신이 그 역할을 하기 위해 태어난 것은 아니니 말이다.

> **Tip**
>
> 일을 잘하고 못 하고의 기준은 없다. 자신의 한계를 뛰어넘느냐 마느냐의 차이일 뿐이다. 꾸준함에는 장사 없다. 뭐든지 지속하면 어느 순간 성장한 자신을 볼 수 있다.

간절함이 내일을 바꾼다

"무언가에 대한 사람의 믿음, 기대, 예측이
실제적으로 일어나는 경향을 말한다."
피그말리온 효과Pygmalion Effect

그리스 신화 속 조각가 피그말리온Pygmalion은 자신의 걸작으로 아름다운 여인상을 조각했다. 여인상에 갈라테이아Galateia라는 이름까지 붙여줬고, 그 조각된 여인의 아름다움에 반해 사랑에 빠진다. 그의 진심을 알게 된 사랑의 여신 아프로디테Aphrodite는 갈라테이아에게 인간의 생명을 넣어주었고, 피그말리온의 여인이 되게 하였다. 정말 피그말리온의 간절함과 욕망이 자신이 조각한 갈라테이아라는 아름다운 여성을 자신의 여인으로 만든 요인이었을까? 사랑과 욕망의 신 아프로디테는 피그말리온의 마음속 사랑이 진실인지 아닌지 어떻게 가늠할 수 있었을까?

초겨울이 되면 전국에서 재미있는 광경을 볼 수 있다. 경찰차를 타고 수능 고사장으로 달려가는 학생, 퀵서비스 오토바이에 몸을 맡긴 채 기사를 재촉하는 학생들의 모습은 저녁 뉴스의 메인화면을 장식하는 하나의 연례행사이다. 수능 고사장 정문 앞에 가면 학부모들은 두 손의 지문이 닳도록 철제대문에 대고 연신 기도를 한다. 다른 나라에서는 보기 힘든 광경이다. 그들이 바라는 것은 우리가 알고 있는 그것 단 하나다.

기도의 믿음과 간절함이 정말 효험이 있을까? 시험이 종료되면 어떤 아이는 고사장을 울면서 빠져나오며 일 년을 더 공부하겠다고 다짐하기도 한다. 조계사와 학교 정문 앞에서 한 기도에 믿음이 없었던 것일까, 간절함이 없었던 것일까? 기도하면서 머릿속은 저녁에 볼 드라마 주인공이 김치 싸대기를 후려칠 것인지 아닌지를 연상하며 딴짓을 하고 있었던 것은 아닐까? 과연 어느 정도 긍정의 차이가 원하는 것을 얻는 데 작용을 할까? 간절히 원한다고 그것이 이루어진다면 모든 것이 쉽게 해결될 수도 있는 것 아닐까?

모든 것의 결과는 투입된 시간과 자신의 노력 그리고 조금의 실력과 운이 따라야 한다. 간절함으로 승부를 건다는 것은 사실상 어불성설이고 신뢰할 수 없는 투자이다. 그렇다고 해서 간절함이 어떠한 작용도 하지 않는다고 말할 수는 없다. 수능공부를 하는 학생이나 대형 프로젝트를 수행하는 직장인이 가지는 공통된 간절함은 최고의 성과를 내는 것이다. 성과를 내고 싶다는 마음 자체에 기준을 세워둠으로써 내가 전념해야 할 것이 무엇인지 스스로 중심을 잡아나가게 된다. 이 중심을 잡고 이루어내고자 하는 마음이 바로 섰을 때, 우리는 간절함을 성과로 결부 지을 수 있다.

60~70년대 우리 사회는 산업화라는 전 세계에서도 유례가 없는 경제부흥을 단시간에 이루어냈다. 서울은 꿈의 도시가 되었고 많은 젊은이들은 꿈을 찾아 서울로 모였다. 그러나 서울은 그들을 반기지 않았는지 멀리에서 그저 웃고만 있을 뿐 따뜻하게 안아주지 않았다. '눈 감으면 코 베어 간다'라는 말은 당시 서울이 얼마나 냉소적인 도시였는지를 잘 말해준다.

젊은이들의 공통된 꿈은 무엇이었을까? 꿈과 희망을 찾아왔지만 그것은 낡은 담벼락 아래에 앉아 있는 청춘의 모습을 초라하게 만들었다. 과연 그 당시 수많은 젊은이들은 어떤 간절함을 가지고 서울로 모여들었을까? 어떤 이는 5남매의 장남, 장녀로 태어난 것이 마치 가족과 동생들을 부양하기 위해서라는 걸 일찍이 깨우친 것처럼 아무 말 없이 돈을 벌기 위해 상경하기도 했고, 그저 가로등 등불 아래 불빛이 삶의 전부인 양 모여드는 하루살이처럼 도시의 찬란한 불빛에 이끌려 모여드는 젊은이들도 있었다.

수능을 준비하는 학부모와 학생, 꿈을 찾아 도시로 모여든 젊은 청춘들의 공통점이 있다. 바로 넓은 무대로의 진출이다. 마치 연극을 하는 배우들이 많은 관중 앞에서 가장 자신 있는 연기로 나서고 싶은 것처럼, 조금 더 넓은 세상으로 나가고 싶은 욕구가 있었던 것이다. 조금 더 넓은 세상이란 관중석이 많은 스타디움을 뛰어다녀도 될 정도의 넓고 넓은 나만의 세상일 것이다.

  30cm 뛸 수 있는 벼룩을 10cm 높이의 병 속에 가두면 그 벼룩은 병 밖으로 나와도 10cm밖에 뛰지 못한다. 벼룩에게 자신이 뛸 수 있는 높이의 한계가 극단적으로 정해지면서 그 이상은 뛰지 못하게 된 것이다. 이때 벼룩은 닫힌 의식 속에 정신적 장벽을 형성하고 자신의 한계를 겪기 때문이다. 우리는 벼룩은 아니지만 우리가 뛸 수 있는 한계가 어디까지인지 그 정신적 장벽을 경계해야 한다. 우리의 삶은 집단 속에서 그게 낮은지 높은지도 구분 짓지 못하고, 저 언덕 너머에 무엇이 있는지도 모른 채 희뿌연 안개 속에서 살게 된다.

  많은 사람이 비좁은 병 속 같은 착각의 감옥에 갇혀 자신의 재능과 성장 가능성을 사장死藏시킬 수 있다. 이것이 자신도 모르게 자신을 가두는 함정의 원천이다. 그러나 우리는 이러한 벼룩과는 다른 점이 하나 있다. 그것은 생각하고 움직이는 사회적 동물이라는 것이다. 자신을 가로막고 있는 장벽을 인지할 수 없다고 하더라도 누군가와의 대화로 또는 학습을 통해서 뛰어넘고 싶은 욕구를 느끼기도 한다. 이러한 욕구를 실행으로 옮기고 결국 자신이 생각할 수 있는 가장 큰 범위에서 원하는 삶을 살도록 하는 기본사항이 바로 간절함이다.

  '피그말리온 효과'는 믿음을 가지고 간절히 원하면 이루어질 수 있다는 것을 신화를 통해 알려준 희망의 메시지이다. 만약 벼룩이 10cm 병 속에 갇혀 살면서도 30cm를 뛸 수 있다는 믿음과 간절함이 있었다면 이야기는 달라질 것이다. 물론 단시간에 30cm를 뛰지는 못하지만 언젠가는 10cm 이상을 뛰어넘게 되지 않을까? 그러나 벼룩은 본능에 반응하는 것이지 자신의 한계를 알고 그 이상을 희망하는 간절함은 없다.

지구상에서 사피엔스만이 가지고 있는 유일한 감정 중 하나가 바로 믿음과 간절함이라면, 그것들은 자신의 성장욕구를 충전시켜 성취를 향해 똑바로 나아가게 하는 길잡이가 될 수 있다. 수능을 보는 학생들은 내려앉는 눈꺼풀을 들어올리며 새벽까지 공부할 수 있었고, 가족의 윤택한 삶을 위해 청춘들은 서울행 기차를 탔다. 간절함은 인간의 정신을 깨우고 움직이게 함은 물론 목표를 더욱더 명확하게 하여 성취에 도달하는 시간을 단축시켜주는 희망이라는 단어의 다른 말이다.

간절한 마음으로 소망하고 행동하면 원하는 것을 얻을 수 있다. 지금의 상태에서 만족할 수 없다면 조금 더 넓은 세상을 위한 희망의 중심을 가져보는 것은 어떨까? 그것은 지금의 일에 집중할 수 있도록 해주면서 성과에 도달할 수 있도록 도와준다. 그때 희망을 느끼게 된다. 무언가를 시작했다면 말이다. 그것은 욕심이 아니다.

Tip

희망은 정신을 자극한다. 당신의 희망은 간절함으로부터 파생된다. 1주일 1책 독서, 자격증 합격, 이직, 외국어 공부 등 모든 것은 해내야만 한다는 당신의 간절함에서 결정이 난다.

191

깔끔하게 포맷된 희망복원법

"사랑하는 사람을 찾듯이 사랑하는 일을 찾아라."
스티브 잡스 Steven Paul Jobs

"오늘 하루만 더 버티자." 늘 스트레스 받고, 업무의 중압감으로 망가지는 내 모습을 보지만 그래도 힘내야 한다. 업무시작 30분 전에 출근해 자정이 다될 무렵 퇴근하는 날이 매일같이 펼쳐지고 있다. 두 눈은 초점을 잃어가고, 안면근육은 수축운동을 하지 못해서인지 굳어가고 있다. 갈색으로 변해가며 윤기를 잃은 입술은 언제나 굳게 닫혀 있다. 오늘 하루도 내 생각의 바다는 거친 풍랑에 휩싸여 있다. 꿈을 찾아 이곳에 온 사람이 있다면 그 사람이 바로 미친놈이 아닐까?

아이들은 꿈을 먹고 살아야 하고 어른들은 꿈을 이루면서 살아야 한다. 그래서 우리는 꿈을 어떻게 다루고 있는지 고민해볼 필요가 있다. 꿈을 이루기 위한 방법은 여러 가지가 있다. 우리는 과연 직장에서 꿈을 이루면서 살 수 있을까? 꿈이라는 것이 어린 시절 자신이 말해왔던 그런 꿈이 맞는 것일까? 직장인들은 항상 그러하듯, 현재 조직에 대한 내 삶의 투자가 옳은 투자였는지를 몇 날 며칠 고민한다.

"형, 저 퇴사하려고요. 제가 지금 여기서 뭐 하는 건지 모르겠어요." 라며 취업한 지 1년도 안 된 지인이 퇴사를 고민했다. 자신이 희망하던 직무가 아니어서 그렇다고 한다. 외국과 교류하면서 자사의 제품을 판매하는 해외 영업부서에서 역량을 펼쳐보고 싶었는데, 상황은 그가 원하는 업무와는 반대인 국내현장 관리부에 배속되었다. 현실은 언제나 그렇듯 내가 원하는 모습으로 나를 기다리고 있지 않다. 경제적 활동도 무시할 수 없지 않은가. 일단은 참고 다니고 있는 지인을 보니 예전 내 모습을 보는 듯했다.

곽금주 서울대학교 심리학과 교수는 언론에서 다음과 같이 말했다. 60%의 직장인은 현재 업무가 학창시절에 꿈꾸어왔던 업무가 아니며, 현재의 업무에 만족하는 사람은 10% 정도에 머무르고 있다고 한다. '직장job'과 '일work'은 분명히 다르다. 'job'은 단순한 경제활동을 위한 행위이며, 그 안에서 중요한 가치를 찾거나 하지 않는다. 반면 'work'는 자신의 꿈이 담긴, 긍정의 뜻이다.[15]

나는 'job'과 'work'의 차이를 이해하기까지 다소 오래 걸렸다. 솔직히 사피엔스가 취업하는 이유는 무엇인가? 일하기 위해서 취업을 하는지, 경제활동을 하기 위해서 취업을 하는 것인지 분간하기 힘들다. 세상을 구원할 신약을 개발해서 인간을 널리 이롭게 하겠다는, 세상을 생각하는 마음에서 시작된 것인가? 이렇게 생각할 만한 여건과 시간이 우리에게는 없다. 원대한 꿈은 있었지만, 그 꿈은 현실이라는 무서운 벽 앞에 멈추었고, 결국 나의 꿈은 사회와 타협을 하게 된다. 취업은 이렇게 'job'을 찾아 흘러 들어가는 청춘의 덫이 되어버린 지 오래다.

"청년 여러분! 여러분의 꿈을 믿고 저희와 함께 걸어 나갑시다. 이곳은 꿈을 펼칠 수 있는 길이 있습니다." 얼마 전 SK 최태원 회장은 채용 관련 영상을 직접 촬영해 유튜브에 올렸다. 기업의 총수가 직접 인재등용에 '꿈'을 언급하면서 젊은이들의 마음을 다독여준 것이다. 그러나 꿈이 있고 열정이 있다고 해서 누구나 그곳에 갈 수 있는 것은 아니지 않은가. SKCT라는 인적성검사를 가장한 어마무시한 입사시험 장애물은, 꿈으로 해결할 수 없는 젊은이들에게는 다른 나라 이야기와도 같다. 꿈을 위해 도서관에서 시험문제나 풀고 있는 아이러니한 상황은 무엇으로 설명할 것인가?

의미 있고 가치에 비중을 두고 일할 수 있는 환경을 가진 사람은 행운아다. 아직도 우리는 생계유지를 위해 돈을 벌어야 하는 상황에서 미래가 밝다고만 할 수는 없다. 낮은 만족도의 직장인은 과연 꿈이 없었던 것일까? 그렇지 않다는 것을 우리는 잘 알고 있다. 단지 환경이 우리를 구석진 방구석으로 몰아넣고 있을 뿐이다. 망할 우리 인생에서도 봄날은 올까?

우리의 삶은 누군가가 대신 살아주지 못한다는 것을 잘 알면서도, 나 혼자 무언가를 찾아내기는 쉽지 않다. 자신이 무엇을 원하는지를 진지하게 고민해볼 수 있지만, 답을 찾을 수 있다면 그것이 바로 천재다. 정말 사피엔스가 대단하다고 느끼는 것은 직무 만족도와는 상관없이 1년, 2년을 버텨내면 그 직무가 마치 내가 꿈꿔왔던 업무인 양 세뇌되기 시작한다는 것이다. 나는 이것을 '직장의 노예'라고 표현한다.

자신만의 Work

동남아 국가에 가면 코끼리 투어가 있다. 크고 성질이 사나운, 길들이기domesticate 어려운 전형적인 야생동물인 코끼리는 사실 사람이 관리할 수 있는 동물이 아니다. 어느 정도 자란 새끼 코끼리는 가족들 품에서 떼어져 몸을 움직일 수도 없는 좁은 철창 속에 갇혀 옴짝달싹하지 못한 채 지낸다. 그때 끝이 뾰족한 갈고리를 들고 나타난 코끼리 주인은 새끼 코끼리의 머리통을 사정없이 찍고 때린다. 어미와 떨어진 코끼리는 고통의 소리를 내지른다.

머리통을 찍고 또 찍어 더 이상 고통을 느끼지 못할 정도가 되었을 때 코끼리는 주저앉는다. 모든 걸 포기하고 죽음을 받아들이듯 가만히 눈을 감고 쓰러지면 그때 주인은 공격을 멈춘다. 자유롭게 마음껏

초원을 돌아다닐 수 있는 행복에 부푼 꿈은 어린 코끼리에게 허용되지 않았고, 그렇게 사람에게 통제되고야 만다. 눈을 뜨고 볼 수 없는 광경에 욕이 절로 나오지만, 눈물을 흘려봐야 소용이 없다.

코끼리의 머리를 찍었던 갈고리는 앞으로 코끼리를 움직이고 방향을 잡도록 하는 운전대 역할을 한다. 갈고리로 오른쪽 귀 쪽을 마구 후비면 코끼리는 왼쪽으로 가는 것이다. 어느 순간 코끼리는 주인이 원하는 것을 예상하여 알아서 잘 움직이게 된다. 그래야 덜 아프기 때문이다. 이렇게 사람은 코끼리를 움직일 수 있게 되었다. 그리고 우리는 단돈 30달러로 그 코끼리 등짝에 올라탄 채 웃으며 연신 사진을 찍어댄다.

사실 그 코끼리 주인을 개새끼라고 욕할 것도 없다. 그 사람은 우리 직장의 님과도 같고, 코끼리를 주저앉힌 갈고리는 한 달에 한 번씩 통장에 꽂히는 월급이었다. 제아무리 꿈이 있다고 한들 갈고리의 맛을 보고 길들여지면 우리의 야성은 깔끔하게 포맷format된다. 몇 년이 지나면 적성과는 상관없이 그게 적성이 되어버리기 때문이다. 그렇게 나의 꿈과 희망을 직장에 헌납해버리고 만다.

통계청에서 매월 발표하는 〈경제활동인구 조사 고용률〉 2020년 8월 자료를 본다면 우리의 실업률은 3.6%로 미국의 실업률 20%와 상당한 차이를 보이며 안정적인 고용률을 유지하고 있다. 우리 사회의 경제 안정성을 나타내는 중요한 지표인데, 숫자만 놓고 본다면 우리 사회가 아직은 안전하다고 볼 수 있다. 그러나 우리 직장인을 놓고 본다면 이게 안전한 것인지 폭발하기 직전의 폭탄일지 알 수 없다.

단순히 돈을 벌기 위한 'job'의 시대는 저물어가고 있다. 우리는 코끼리의 갈고리를 거부해야 하고, 그들의 착취에 반대를 선언해야 한다. 취업률을 높이는 게 중요한 것이 아니라 그 속에서 우리가 원하는 삶을 이루어줄 수 있는 자신만의 'work'를 찾아야 한다. 인생이 짧다면 짧고 길다면 길다. 나는 요즘 죽으면 잠만 잘 텐데 잠을 많이 자는 게 아깝지 않느냐는 내 외할머니의 가르침이 마음에 와닿는다.

직장이 세상의 전부인 듯 120% 적응하며 안락함에 사로잡혀 살 수는 없다. 또 다른 세계가 저 뒷산에 숨어 있음을 받아들여야 한다. 한 살이라도 더 늙기 전에 가슴 뜨거운 무언가를 해야 한다. 사실 많은 사람이 겁을 먹고 아무것도 못 하고 코끼리의 갈고리에 적응하며 살고 있다. 대체로 쫄고 있는 사람들이 쫄지 말라고 말하지만 남의 눈과 입을 걱정할 때가 아니다. 이제는 자신을 믿고, 당신의 가슴을 뛰게 할 무언가를 시작해보길 바란다.

Tip

한 가지 이상의 취미를 갖기 바란다. 동호회 참여를 적극적으로 추천한다. 그 속에서 'work'를 찾아 현재의 일과 연결점을 찾아보길 바란다.

리더십의 필수조건

"리더십은 공감하는 능력과 연관이 깊다.
공감은 타인을 격려하고, 그들의 삶에 활력을 불어넣기 위해
타인과 관련을 맺고 연대하는 능력이다."

오프라 윈프리Oprah Winfrey

경영자들은 여러 모임에 참석해서 다양한 정보를 취득하고, 우리 회사에 어떻게 접목할지를 고민한다. 그중에서 조찬모임은 그 활용도가 높다. 조찬모임에서 얻어온 정보는 다음날 임원회의 주제가 되고 "왜 우리 회사는 이렇게 안 되는 것인지, 내일부터 당장 시행하세요."라고 임원들을 닦달하기 시작한다. 베스트셀러가 된 책을 대표이사가 읽었다면 임직원도 따라 읽어야 대표이사가 원하는 바를 간파할 수 있다.

다른 사업장의 대표가 말하고 시행하는데 내가 그것을 따라가지 못한다면 나는 시대의 흐름을 따라가지 못하는 리더가 될 것 같은 불안감에 휩싸이기 때문이다. 이때 실무진들은 고난이 시작된다. 무엇

을 어떻게 왜 해야 하는지 영문도 정확하게 모르는 상황에서, 네이버만 연신 찾아다니며 보이지도 않는 밤길을 더듬거리며 한 걸음을 떼면서 말이다. 도대체 이 짓을 언제까지 해야 하는 거지?

이처럼 리더가 가지는 정보가 우리 조직에 어떠한 영향을 미치는지 파악해볼 필요가 있다. 조직마다 다르겠지만 90% 이상은 리더가 가지고 있는 경영철학이나 경험에서 비롯된 방향으로 이끌려 가게 되어 있다. 마치 90년대를 사는 듯하다. 아직도 리더십이란, 자신의 것을 시켜서 결과물을 들고 오게 만드는 무식함이라고 착각하는 사람이 적지 않다. 적당하게 가해지는 스트레스는 성과 역시 올라간다. 그렇지만 과할 정도의 스트레스는 내면의 성과에도 도달하지 못하게 한다.

타인에 대한 '신뢰'의 중요성을 말한 적이 있다. 신뢰는 타인을 배려하는 것에서부터 시작하고 결정적일 때 그 사람을 지켜주는 희생이 뒤따라야 한다. 백날 리더십을 말해도 사실 리더의 덕목은 길러지는 것이 아니라 내면에 잠자고 있는 것을 깨우는 것이다. 리더는 조직 구성원들의 전폭적인 신뢰를 바탕으로 조직을 이끌어 나가야 한다. 그랬을 때 조직의 역동성은 배가되고 생산성은 집약된다. 이것이 리더들이 가져야 할 최고의 덕목이자 조건이다.

믿음과 리더십

"누군가를 움직이기 위해서는, 신뢰를 확보해야만 한다." 신뢰는 성품이 밑바탕이 되어야 한다. 성품이란 사람의 됨됨이라고도 할 수 있고, 사람을 담는 그릇이라고도 말한다. 그러나 성품의 가장 기본이 되어야 하는 것이 하나 더 있다. 그것은 믿음이다. 성품이 사람을 담을 수 있는 그릇이라면 믿음은 그곳을 채우는 마음이다. 리더로서 믿음을 가지고 있는 눈빛은 맑을 것이며, 사람을 담을 수 있는 그릇은 단단하다. 그 성품을 드러내는 것이 행동이라 할 수 있고 자신이 '어떤 사람인가'를 나타내는 기준점이 된다. 그것은 사물이나 어떤 상황을 바라보는 시각능력을 좌우하기도 한다. 시각은 곧 몸을 조종해 어떤 행동을 할지 결정하게 된다. 바로 이 때문에 지도자의 성품은 그의 행동과 분리될 수 없다.

인도 뭄바이에 부임하고 본사로 복귀할 때까지 나를 위해서라면 밤이건 주말이건 언제든지 자기 일처럼 달려와준 고마운 직원이 있었다. 이름은 '싱'. 적당한 길이로 콧수염을 기른, 나만 보면 누런 이로 웃어 보이던, 약간 보랏빛이 감도는 검은색 피부를 가진 키가 작고 마른 체격의 친구였다. 내가 부임하기 몇 달 전에 입사한 싱은 General Manager경영, 인사, 회계 총괄 업무를 도맡아서 네 명의 직원과 살림을 꾸려나가고 있었다. 문제는 모든 회계장부가 엉망이었고, 거래처와의 관계, 한국 본사와의 협업은 최악의 상황에 가까웠다는 것이다.

나는 처음부터 모든 것을 다시 그리는 그림이라고 생각하며 모든 자료를 꺼내어 정리해 나갔다. 그때 싱을 포함한 인도인 직원들은 자신들이 해놓은 업무를 무시한다는 생각이 든 모양이었다. 내 지시를 잘 따르지 않고 매일 거짓말로 시작해서 거짓말로 끝났다. 그래서 나는 더욱 모든 일을 믿을 수 없었고, 내가 직접 눈으로 보고 장부를 대조하지 않으면 장부로서 인정하지도 않았다. 이미 만들어진 것이라면 모두 수정했다. 그들은 "네가 진작에 와서 해놓지 왜 이제 와서 난리야."라고 말했을지도 모른다. 이때는 신뢰가 바탕이 된 믿음이 전혀 없는 상황이었다. 그렇게 나와 현지직원들은 주인과 노예가 된 듯 지극히 수동적으로 변해버리고 말았다.

어느 날, 싱은 전화를 받고 시무룩한 표정으로 "네네, 알겠습니다." 만 연발했다. 평소 냉소적이던 그의 경직된 모습이 신기해서 나는 싱에게 자초지종을 물었다. '경제특구청'에서 우리 업무도 아닌 몇 가지 일을 시킨다는 것이었다. 경제특구청은 각종 세제 인센티브를 제공해 외자유치를 하도록 인도정부가 설립한 지방 정부조직이다. 우리는 그 경제특구 내에 사업장을 유지하고 있었다. 그런데 과장급 고위직 공무원이 싱에게 몇 가지 업무를 시키고 있었던 것이다.

사회시스템이 약한 나라일수록 정부관료의 부조리함이 만연한데, '갑'과 '을'까지 존재한다. 우리가 알고 있는 갑·을의 존재라기보다는 신분의 문제이기도 하다. 특히 계급이 존재하는 사회라면 더욱 그런데 싱은 그곳 직원보다도 사회적 계급이 낮았다. 나는 바로 비서에게 국장과의 약속을 잡게 하고, 싱을 차에 태워 경제특구청으로 갔다. 턱을 당기고 가슴을 활짝 편 채 방문을 밀고 들어간 나는 VIP 대접을 받으며 자리에 앉았다. 이미 업무와 관련해서 과장을 몇 차례 만난 적이 있었기에 가능했다. 나는 밖에 있던 싱을 불러들였다. 싱은 이 높으신 분들이 있는 자리에 왜 자신을 불렀을까 두 눈만 데굴데굴 굴리며 고개를 숙이고 있었다.

이런저런 이야기를 하다 본론으로 들어가 "과장님, 중요한 부탁 하나 드리겠습니다. 앞으로 싱이 여러분과 일할 때는 나와 우리 회사에 하는 것과 똑같이 대해주시기 바라며, 불편하지 않도록 해주시기 바랍니다. 그것이 우리 회사가 이곳을 떠나지 않게 하는 이유가 될 수도 있습니다."라고 힘주어 말하고 물 한 잔을 시원하게 들이켰다. 좋지 못한 발언이었지만 목에는 아직까지 힘이 남아 있었다.

그날 이후로 모든 일이 술술 풀리기 시작했다. 나는 여전히 싱을 믿지 못하였지만, 싱은 나를 전적으로 믿기 시작했다. 믿음을 줄 수 있었던 한 번의 행동은 우리 팀을 하나로 묶는 데 결정적인 역할을 했다. 나는 진심을 말했을 뿐이다. 아무리 내가 현지직원들과 기싸움을 벌여도 그리고 현지인들이 나를 외부인으로 단정 짓는다 하더라도 나는 내 직원이 다른 곳에서 인정받지 못하는 게 싫었다. 내가 동료에게 해줄 수 있는 일이었다. 믿음의 시작은 자신을 책임질 수 있다는 의지에서 시작될 수 있기 때문이다.

나는 싱의 집에 초대되어 연말을 보내기도 했다. 자신의 친구 결혼식에 함께 가자며 나에게 자신의 전통의상을 보내주기도 했다. 사원에서 이마에 점을 찍고 힌두교가 가지는 오묘한 이치를 나에게 설명해주려고 하는 소중한 친구가 되었다. 인도의 카레는 정말 내 입맛에 안 맞았지만 그래도 맛있게 먹으며 싱의 와이프에게 감사함을 전하기도 했다. 싱의 두 명의 아이들에게 한국에 관한 이야기를 들려주기도 하며 나는 슬슬 그들 세계로 들어갔다. 왼손은 똥 닦은 손이고 오른손은 밥을 먹는 손이라는 것을 알려준 소중한 친구 싱이 그립다.

우리 직장의 리더들은 어떨까? 자본논리에 매몰돼버린 우리의 믿음은 어떻게 진화했을까? 진화했을까 아니면 퇴보했을까? 그리고 나는 과연 동료에게 믿음을 주고 있는 걸까? 믿음이 과연 조직을 움직이는 원동력이 될 수 있을까? 아직도 경영전문가들은 직장인들은 기술적으로 관리해야 하는 대상이라고, 업무를 평가해서 달성한 결과물을 제시할 수 있어야 한다고 말한다. 나는 오늘 경영학과 철학을 말하고 싶은 것이 아니다. 이왕 팀장이고 님이라면 성품을 갖추고 신뢰를 쌓아가기를 바라는 것이다.

조찬모임에 나가 누구나 듣고 말할 수 있는 지식을 귀동냥해서 우리 조직에 이식시키려는 행위 자체는 리더십도 아니고, 그렇다고 성과물을 만들어낼 수 있는 지식도 아니다. 조금 더 가까이 내 테이블에 와서 나의 현재상황을 함께 고민해주는 것이 신뢰의 시발점이 될 것이다. 동료를 움직이게 하는 방법은 여러 가지가 있다. 사람이란 본래 자기 말에 귀 기울여주고 가치를 인정해주고, 의견을 물어주는 이에게 보답하게 마련이다. 믿음을 확보하는 것이 리더십의 필수조건이다. 당신 조직에는 그런 리더가 있는가?

뼈 하나를 두고 수많은 개가 달려든다. 세상을 말하는 것이고 사회를 표현한 것이자 우리 모습을 정의한 것이다. 정말이다. 믿을 수 있는 건 자신뿐인 세상에 우리는 덩그러니 돌도끼 하나 손에 쥐고 들판을 달려가는 원시인이다. 이보다 세상을 더 잘 설명하는 말은 없지 않은가. 세상은 외롭다는 것을 단적으로 보여주는 곳이 직장이다. 그렇게 외로운 곳에 나 하나를 믿어주는 동료가 있다면 하루 여덟 시간이 그렇게 길게 느껴지지는 않을 것이다.

Tip
· ·
상관도 엄연히 생존을 위한 투쟁중임은 분명하다. 당신의 진정한 선배는 내가 위기일 때 알 수 있다. 그때까지는 감정을 소모하지 말라.

낮아지면 높아진다

"타인에게 인정받으려고 노력하지 않으면,
나는 늘 자신과 하늘로부터 인정받는 존재가 된다.
누군가 다른 사람의 인정을 받기 위해 노력하는 모습을 보면,
나의 내면은 불편해진다."

바이런 케이티Byron Katie

인정받고 싶은 사피엔스의 심리는 우리가 인간임을 나타내는 중요한 요소이다. 다수의 사람들은 자신이 하는 모든 일에 대한 누군가의 한 마디에 행복을 느낄 수 있고, 좌절할 수도 있는 '인정성애자'라는 공통분모를 가지고 있다. 그것이 사람을 움직이는 기술이기도 하지만 인정받고 싶어 하는 욕구를 자극하는 작동원리이기도 하다. 인정받고자 한다는 것은 또 다른 누군가의 눈과 귀를 의식하고 있다는 것이고, 사람의 눈치를 본다는 얘기다.

두뇌활동을 저해시키는 반작용도 있다. 자신의 이야기를 하지 못하고 남들이 듣고 싶어 하는 이야기를 발췌해 설탕을 살짝 뿌려 말하는 것이다. 이것은 진심이 담긴 말이 아니고 생각도 아니다. 내 행동들

은 선한 영향력을 가지고 있으며, 사람들의 인생을 바꿔줄 한 마디라는 것에 스스로 감동하고 스스로 만족하기 일쑤다. 이것은 우리가 사회에서 얼마나 지쳐가고 있는지를 나타내는 심리적 압박감에서 시작하는 쓰레기 같은 환상이다.

미국법인 본사를 선택했을 때 사람들의 부러움을 샀다. 정말 웃기는 것은 주재원 선발과정에서부터다. 인사·회계를 총괄할 한 명을 내보내는데 무려 10여 명의 재직자가 선발경쟁에 뛰어든 것이다. 필리핀, 베트남, 인도, 멕시코 같은 격오지 주재원을 선발할 때에는 아무도 지원하지 않다가 미국이라니까 달라지는 것 아니겠는가. 해외경험도 국가 선호도에 따라 달라진다는 것을 알았다. 나는 이미 다른 국가에서 주재원으로 보낸 경험이 있었기 때문에 이번에도 선발되어 짐을 챙겼다.

'이렇게 이민을 가는 것인가? 여기에서 눌러앉아야지.' 기분이 좋았다. 사무실에 출근한 첫날, 나는 비서 제니와 총괄매니저인 프랭키를 소개받았다. 제니는 40대 히스패닉^{스페인어를 쓰는 중남미계의 미국 이주민}이었고 프랭키는 유럽의 후손인 55살의 백인 아저씨였다. 나는 고작 30대 중반이었는데, 그들이 내 부하직원이라니, 다소 적응하는 데 시간이 걸렸다. 그 두 명을 포함해서 네 명의 직원과 나는 미국 내 두 개 법인과 멕시코 세 개 지사를 관리해야 했다.

미국은 전 세계 자본시장의 중심축이다. 그러다보니 기업경영에 관한 목표와 방식이 경직되어 있기도 하고 어떤 면에서는 상당히 유연하다. 연결재무제표Consolidated Financial Statements를 작성하는 일은 만만치 않았다. 사실 전국에 퍼져 있는 지사뿐만 아니라 관리범위가 상당히 넓었기 때문에 직원들의 역량도 상당한 수준까지 올라와 있어야 했다. 처음에는 관리범위만 보았을 때 네 명이 적절한 인력인지에 대한 의구심이 들었지만, 그것은 한낱 기우에 지나지 않았다.

경영의 꽃이라고 불리는 직무는 두 가지가 있다. 하나는 인사Human Resources이고 또 하나는 회계Accounting이다. 미국의 기업은 이 두 개의 영역을 서로 다른 양극에 두고 관리한다. 인사적인 측면에서 봤을 때, 미국은 보통 '고용해지자유at will employment'라는 기업에 유리한 원칙을 두고 있다. 회사나 직원 어느 누구라도 원한다면 헤어질 수 있다는 것이다. 회계는 국제회계기준 IFRSInternational Financial Reporting Standards의 표준이 바로 미국이고, 한국의 회계감사에도 영향을 미친 SOXSarbanes-Oxley Act라는 상장사 회계 개선법을 따르기도 하는데, 그것은 까다롭다. 이를 통한 내부통제는 한국의 그것을 따라잡을 수 없을 정도로 통제장치가 잘 되어 있다.

독특한 것은 세계 최대의 소비국가다보니 수많은 물건이 미국시장을 겨냥하고 도전한다. 미국에서 사업을 하기 위해서는 NAFTANorth American Free Trade Agreement와 FTAFree Trade Agreement, 국제조세 같은 주변국과의 협정에 눈을 뜨고 있어야 한다. 한국에서 가져오는 원자재를 미국으로 수입하고, 또다시 멕시코로 보내 생산해서 완제품을 미국으로 다시 반입 및 판매하는 것이다. 참 복잡한 게 많지만 확실히 알고 있어야 했다.

웬만한 건 이미 막힘없는 수준에 이르렀지만 국제협정과 국제조세만큼은 쉽지 않았다. 프랭키는 이미 모든 것을 알고 있었다. 하나의 개념을 나에게 설명했고, 며칠이 지나자 화이트보드에 전체의 그림을 그려가며 나를 이해시키려고 노력했다. 그러나 한국과 아시아라는 좁은 곳에서의 내 경험은 환태평양과 북대서양을 잇는 통상협정 앞에서는 이해도가 떨어졌다. 이해하려고 해도 딱 떨어지는 개념이 머릿속에 자리 잡히지 않았다. 여러 번 말해도 말귀를 못 알아듣는 상대가 있으면 얼마나 답답하고 짜증나겠는가! 그러나 프랭키는 짜증 한 번 내지 않았다.

며칠 후 프랭키는 열 장짜리 PPT를 나에게 보내왔다. "Mr. Han, lets me have a chance." 언제 시간을 내어 자신이 설명할 수 있는 기회를 갖고 싶다는 것이었다. 자료는 몇 날 며칠 밤을 새워가며 정부의 홈페이지와 협회 등에서 이 잡듯이 뒤져 여러 가지 개념과 정보를 집대성한 것이었다. 바로 그날 프랭키는 내 방에서 나를 앉혀놓고 세시간 동안 NAFTA와 FTA 그리고 이중과세방지조약 등 국제조세를 설명했다. 나는 그의 발표를 경청했고, 결국에는 복잡한 경영관리 문제를 풀어나가는 실마리를 발견했다.

나는 감동을 받았다. 뭐, 그 정도는 누구나 다 하는 것 아니냐고 말할 수도 있지만, 나는 그렇지 않은 사람도 많이 보았다. 한국 본사를 포함해서 내가 보고 지내왔던 대부분의 해외사업장 동료들은 자신의 능력은 자신이 알고 있는 지식의 수준과 비례한다는 생각을 하고 있었다. 자신이 알고 있는 정보를 자진해서 알려주는 경우는 매우 드물었다. 한두 번 정도는 살짝 알려주되 그래도 모르면 자신을 탓해야 하고, 자신의 능력을 의심해야 하는 것이다. 나는 그런 건조한 세계 속에서 살아왔는데, 프랭키를 보면서 적지 않은 문화적 충격을 받았다.

소통과 문화의 다름에서 오는 문제와 국가별 다른 시스템에서 오는 스트레스는 나뿐만이 아니라 현지직원들도 마찬가지로 받는 일이다. 그럼에도 불구하고 그는 자신의 역할이 내가 일할 수 있는 환경을 만들어주는 것이었기에, 답답해도 짜증이 나도 기꺼이 감수하면서 항상 진지하게 나에게 설명해주고 이해시켜려고 노력했다. 생전 처음 보는 수학공식을 이해하는 게 쉽지만은 않다. 그래서 답답함을 느끼고 짜증도 나는 것이 우리 사피엔스의 마음 아니겠는가. 나는 그의 도움으로 그후의 업무를 해나가는 데에는 막힘이 없었다.

이런 게 인정 아니겠는가. 손자를 봤다면서 나에게 사진을 보여주며 누런 이로 웃던, 콧수염을 기른 대머리 아저씨 프랭키. 그는 아들뻘인 나를 직장상사로 모시면서 자존심 상할 일도 있었을 텐데, 자신은 그런 것쯤은 무시할 수 있다는 자세로 나에게 호흡을 맞춰주었다. 인정받기 위한 몸부림은 과부하를 일으켜 타죽게 할 수도 있다. 프랭키는 마음을 비우고 자신의 일에 즐거움을 더하면, 인정받고 싶지 않더라도 인정받을 수밖에 없다는 것을 몸소 보여주었다.

남들에게 인정받고 싶다는 세속적인 목표를 버려야 한다. 진심이 없는 말과 행동은 사람들의 인정을 받기 힘들다. 특히 자신이 무언가를 얻고자 하는 목표를 갖고 행동하는 모습에는 거품이 끼게 마련이고, 진심이 담기지 않는 원인이 된다. 제아무리 능력이 출중하더라도 얼마의 시간이 지나 예쁜 포장지가 벗겨지는 순간, 자신의 본모습이 나오고 만다. 이것이 사람을 의식하는 삶과 행동이 가져오는 부작용이라고 말하고 싶다.

자신이 나이가 많건 적건 간에 자신의 동료가 김치냄새를 풍기는 서울촌놈이건 아니건 간에 동료에게 만족감을 가져다준 프랭키는 자신의 역할에 최선을 다했을 뿐이다. 낮은 자세로 자신의 역할을 다한 그는 가장 높은 자리에 있는 듯했다. 인정받고자 함이 아니지만 결국에는 인정을 받고 존중을 받게 되었다. 인정받기 위해 달려가지 말고 본연의 맡은 일을 하면 된다. 일을 많이 하는 척해도 다 표가 나지 않는가. 다른 사람의 시선을 의식하지 말고 내가 옳다고 생각하는 것을 하면 된다.

Tip ....

절대로 자신의 지식을 나누지 말라. "잘 모르겠는데요."라는 말이 필요하다. 단, 진정한 리더십을 보이는 사람에게는 모든 걸 나눠라.

독서는 人間多UM

"책은 가장 싼 비용으로 고수들과 대화를 나눌 기회를 준다.
세상을 새롭게 바라볼 수 있는 시각을 제공한다.
그래서 자신도 모르는 사이에 내공이 높아진다."
한근태

많은 사람들이 책을 읽으면서 그 속에 숨어 있는 성공 요소를 찾아 헤맨다. 책 하나를 읽으면서 내가 바뀌기를 바라기도 하고, 새로운 삶이 시작되기를 바라는 사람이 생각보다 많다. 나 역시도 그랬다. 친구와 저녁약속을 하고 약속장소에 가기 전에 서점이라도 들르면 그날 가장 번쩍이는 책을 하나 집어 들곤 했다. 그 책은 입소문을 타고 내 귀로 들어와 꼭 사고 싶었던 것이거나 그날 눈에 확 띄는 베스트셀러일 경우가 크다. 나는 책을 손에 쥐고 약속장소에 나갔다. 책을 읽고 있다는 것을 보여주기라도 하듯 말이다.

성공을 위한 필수 아이템으로 생각하지 않는다고 해도 우리는 책 속에서 인생을 배우기도 하고 미래를 계획한다. 좋은 삶을 위해서는 다양하고 좋은 사람들을 만나 그들의 이야기를 듣고 내 삶을 변화하는 작업이 중요하다. 제3자의 시각으로 나를 바라보기란 쉽지 않기 때문에 다른 사람의 정신세계와 입을 빌려 나의 변화를 꾀할 수 있다. 이때 책을 읽는다는 것은 전 세계의 사람들을 직접 만나는 것과도 같은 효과를 누릴 수 있다.

세상에 나온 수많은 독서법을 재탕할 필요는 없으니 그저 책을 대하는 우리의 자세를 말해보려고 한다. 책을 선택하는 목적은 두 가지이다. 첫째는 즐거움과 생각의 정화를 위한 것이고, 둘째는 지식의 양을 채우는 학습의 목적이 있다. 전자라면 편하고 쉬운 책을 선택해야하고, 후자라면 다소 읽기가 불편하더라도 높은 수준의 책을 고르는 것이 좋다. 그러나 나는 이왕 책을 읽는다면 그냥 자신이 편하게 읽을 수 있는 것을 고르길 바란다. 책과 인연도 없는데 책 읽는 기술을 배우고, 책 고르는 방법을 연구해봤자 결국에는 내가 읽기 싫으면 그만이기 때문이다.

독서를 할 때 가장 중요한 게 무엇인지를 보면, 잘못된 방법으로 책을 읽는 경우가 있다는 것이다. 책에 있는 내용 모두를 소유하고 싶은 욕심이 바로 그것이다. 자신도 모르는 사이 이 책 하나가 내 인생을 바꿔줄 묘수라고 생각해 내용 하나하나를 놓칠 수 없는 인생의 나침반으로 여기게 된다. 이 순간 우리는 책을 처음부터 끝까지 읽어야한다는 강박관념에 사로잡힌다.

며칠을 걸려 책 한 권을 읽어도 당최 기억이 나질 않는다. 소중한 시간을 책 읽는 데에 투자했음에도 불구하고, 책을 쓴 저자의 이름도 기억이 나지 않으면 황당하다 못해 내 머리에 실망하기도 한다. 제목뿐만 아니라 기억하고 싶은 좋은 구절은 말할 것도 없이 금방 잊어버린다. 책 읽는 방법이 잘못되었는지, 아니면 내 머리가 정말 책과는 친해질 수 없는 무슨 사정이 있는 것인지 걱정까지 한다.

책을 좋아하는 사람들의 얘기를 들어봐도 한 번 읽은 책에 관한 내용을 줄줄이 꿰차는 사람은 없다. 나 역시도 책을 읽는 순간에는 내용을 이해하는 듯하지만, 책을 덮는 순간 모든 걸 잊어버리는 기분 나쁜 경험을 하기도 한다. 그러나 걱정하지 않아도 된다. 책이 보통 300페이지라고 가정을 하고 그 안에 들어 있는 내용이 얼마나 많은지를 생각해보면 충분히 납득이 될 것이다.

사피엔스의 두뇌활동 중에는 신이 내린 현명하면서도 꼭 필요한 기능이 있다. 그것은 '망각'이다. 우리는 이 단어를 여러 상황에 대입해 해석하기도 하는데, 나는 망각이라는 무의식의 활동이 우리 인간에게 얼마나 좋은 영향을 미치는지 잘 알고 있다. 만약 초등학교 때 자전거를 타다 넘어져 팔뚝이 부러졌던 기억이 오늘도 생생하다면 정말 골치 아픈 상황 아니겠는가? 사랑했던 여인과 헤어질 때의 슬픔이 뚜렷이 기억난다면 어떨까? 물론 조금의 기억이 되살아나 깊은 생각에 잠겨보기도 하지만, 이것을 우리는 '추억'이라고 표현하지 '슬픔'이라고 말하지는 않는다.

학자들이 말하는 완독의 기준은 우리가 생각하는 수준의 독서를 말하는 것이 아니다. 책 하나를 처음부터 끝까지 읽는 것 자체에서 오는 성취감은 대단할 수 있으나, 나에게 도움이 되는지에 대한 성찰은 미약하기만 하다. 특히 읽히지도 않는 페이지를 부여잡고 읽는다고 해서 그 내용이 내 전두엽에 자극을 주지는 못한다. 오히려 책과의 관계를 멀어지게 하는, 이별의 갈림길에 서게 하는 좋지 못한 습관이 된다. 한 권의 책을 다 읽으려 하지 말고 책에서 주고자 하는 메시지에 질문하며 읽어 나가길 바란다. 만약에 눈꺼풀이 무겁게 내려앉는 게 느껴진다면 더 이상 읽을 필요는 없다.

중요한 것은 완독하는 자세보다는 독서를 하면서 자신의 내면과 작가의 세계를 간파하는 통찰력의 완성이고, 독서 후에는 그것을 생각하는 사유의 시간을 갖는 것이다. 시간적인 여유가 있어 모든 것을 확인하고자 하는 호기심에서 완독하는 것은, 어쩌면 작가의 세계를 직접적으로 확인할 수 있는 좋은 방법이다. 그러나 책 속의 내용을 내 인생에 체화하는 과정을 겪으면서 사유할 수 있는 시간을 갖는 것이 내가 해야 하는 독서의 자세이다.

성공을 위한 독서가 아닌 사유의 독서를 하라

자기계발 전문가들이 말하기를 성공은 독서량에 따라 달라진다고 한다. 과연 맞는 말일까? 글쎄다. 적어도 나는 다른 견해를 가지고 있다. 왜 아직도 사람들은 이런 뻥에 열광하는 것일까? 평소에 책을 읽지 않던 사람이 누군가의 달콤한 한마디에서 성공으로 통하는 문을 발견했다는 것일까? 돈을 벌고 싶으면 강남에 아파트를 사라는 것과 무엇이 다른지 모르겠다.

성공을 위한 독서는 우리가 책을 읽는 의미를 잘못 짚은 것이다. 지금도 성공으로 통하는 문을 책에서 찾고자 하는 사람들이 있다. 성공이라는 것은 도전과 반복 그리고 노력의 결실에서 오는 것이지 책만 읽는다고 되지는 않는다. 그런데도 독서를 해야 하는 이유는 성공으로 가는 길이 결코 험하지만은 않다는 것을 알 수 있기 때문이다. 윤택한 삶 바로 그것이다. 우리가 사피엔스임을 생각해볼 수 있는 기회를 책 속에서 얻을 수 있기 때문이다.

중국인 작가 코니의 저서《하버드 인맥수업》을 읽은 적이 있다. 저자는 우리 일상에서 발생할 수 있는 모든 에피소드를 동원해서 인맥의 중요성을 역설하고 있다. 발췌해서 실용에 사용할 좋은 내용이 정말 많았다. 그때 나는 이 책을 읽고 나서 그대로 하면 인맥싸움에서 승리자가 될 것만 같은 착각에 빠졌다. 그렇게 완독을 했고, 글 하나하나를 놓치지 않기 위해 나 스스로 고문하기 시작했다.

그런데 책을 완독한 나에겐 아무런 변화도 없고, 대단한 인맥이 형성되거나 일상이 바뀌는 일도 일어나지 않았다. 그저 내가 사람을 대하는 태도의 문제에서 비롯된 인맥관리가 대부분이었지, 책의 내용을 실용에 적용하고 못하고의 문제는 아니었다. 그렇다. 모든 책은 작가의 삶 속에서 작가의 세계를 표현해놓은 것이다. 온전히 작가의 것이라는 걸 잊으면 안 된다. 다만 작가의 세계 속을 여행하면서 사고의 폭을 넓히는 것이 독서의 목표가 되어야 한다. 내가 경험한 삶 자체는 그렇게 쉽게 바뀌고 변화할 정도로 단순한 우주원리가 아니다.

예전에 칼퇴근 했을 때가 생각난다. 회사 로비를 나가려는데, 4~5대의 검은색 고급승용차가 줄을 맞추어 대기하고 있는 모습이 보였다. 소름 끼치고, 징그럽다 못해 무섭기까지 했다. 나는 푸드득 몸을 떨며 두 손으로 팔을 감쌌다. 소름이 돋은 피부를 가라앉히려 손바닥으로 연신 문지르기 위해서였다. 마치 검정벌레들이 희미한 눈빛으로 꽉 찬 방광을 해소하기 위해 화장실 앞에서 줄 서 있는 모습과도 같았다.

임원들을 기다리는 차들은 어쩜 이렇게 하나같이 똑같은 색에 똑같은 모습을 하고 있을까? 우리는 대부분 누군가가 선행先行을 해서 잘된 모습을 보거나 좋은 차를 타게 되면, 그것을 따라 하는 경향이 크다. 누군가를 따라 하는 것이 기업에서는 성공한 국가 또는 성공한 기업과의 격차를 줄이기 위한 노력이라고 하지만, 사실 성장통의 단점을 보여주는 것이다. 이제는 격차를 줄이는 것이 아니라, 우리만의 표준을 만들어 다른 사람들이 우리를 따라오게 해야 하는 시대에 돌입했다.

그러기 위해서는 자신만의 인생을 살아야 하고, 스스로 깨우칠 수 있는 통찰력을 가져야 한다. 책을 학습하기 위한 공부의 대상으로 볼 것인지는 여기에서 차이가 난다. 정보와 지식은 얼마든지 쌓을 수 있지만 이것이 삶을 바꿀 수는 없다. 유튜브나 네이버만 검색해도 지식은 언제든지 찾을 수 있는 시대에 살고 있기 때문이다. 이제는 책을 하나의 성공도구로 보지 말고, 내 삶을 윤택하게 하는 바이블로 활용하면 좋겠다. 삶의 윤택함은 곧 자신감으로 이어지고 성공으로 가는 인간의 자세가 될 것이다.

　기계와 인간이 다름을 증명할 수 있는 방법은 딱 한 가지이다. '인간미美'의 보존이고, 다른 말로는 '인간다움'이다. 사피엔스만이 할 수 있는 능력, 그 모든 것을 말할 수 있다. 그중에 공감능력과 창의력은 동물 중에서도 사람만이 가지고 있는 영역임에는 틀림이 없다. 누구나 쌓을 수 있는 지식은 그래서 가치가 떨어질 수밖에 없다. 지식은 미래의 기계가 대체가능한 영역이라면, 공감능력과 창의력은 인간의 영역이 될 것이다.

　지식만을 쌓고 학습하는 독서를 지양하고, 저자의 눈으로 본 세계와 교류할 수 있는 통찰의 문으로 독서를 활용하길 바란다. 지식은 누구나 엉덩이를 붙이고 앉으면 쌓을 수 있지만, 세계를 보는 시각을 다양하게 만드는 것은 어렵기 때문이다. 저자의 생각에 질문할 수 있고 사유할 수 있다면 독자로서 책을 읽는 최선의 자세가 된다. 직장 내에서 인간답게 돋보일 수 있는 좋은 방법임을 잊어서는 안 된다.

Tip

목표를 두고 책을 읽어라. 성인이면 1주일에 한 권은 충분히 가능하다. (한 달 네 권, 1년 48권) 아침 5시에 일어나 방해 없이 읽기 바란다. 소설, 에세이, 자기계발 위주로 번갈아 가며 책을 선정하라.

5장

무엇이 당신을 움직이게 만드는가?

인생의 균형을 잡으니 바뀌는 것들

"당신은 시키는 일만 하는 꿀벌이 될 것인가,
창조하고 혁신하는 게릴라가 될 것인가?"

게리 하멜Gary P. Hamel

　　공직을 제외한다면 내가 처음으로 직장생활을 한 곳
은 중소기업이었다. 입사하기 전, 사실 정치권에서 큰일을 해보자는
사람들도 많았고, 다양한 곳에서 공무원 임용의 기회가 있었으나 당
시 나는 사업의 꿈을 꾸고 있던 성장욕구가 넘치던 청년이었다. 나름
의 끓는 피가 있었다고 해야 할까? 일반기업에 몸을 담아 회사를 성
장시키는 핵심인력이 되고 싶은 게 직업선택의 기준이었다. 애초부
터 직업선택의 눈이 높지 않았기 때문에 중소기업과 대기업에 대한
편견도 없었다.

　중소기업 직장생활 중 3년은 본사, 약 10여 년 동안은 해외에서 생
활하면서 각종 문화를 맨몸으로 부딪혔다. 필리핀 클락의 열악한 근

무환경 속에서는 금고를 지키기 위해 골프채를 들고 경비를 서기도 했다. 국내경력을 시작으로 국제관계를 섭렵하기까지 그렇게 짧은 시간도 아니고 그렇다고 긴 시간도 아니었다. 큼지막한 인생경험과 해외에서의 시간은 나를 일신우일신日新又日新하게 만들었다. 여기까지 달려올 수 있었던 원동력은 어디에서 비롯되었을까?

한 가지 알아둘 것은 직장인으로서 내 인생의 경력관리만큼은 잘 관리해왔다는 것이다. 중소기업에 입사해 대기업으로 이직하고 공직에서 일하게 되는 내 직장생활은, 알 수 없는 결말을 맺는 미스터리 영화와도 같다. 시나리오 작가의 의도된 기획이 아니라 희망을 품고 엉덩이를 들썩거리며 만들어낸 나만의 재미있는 영화이다. 회사의 인사를 책임지는 담당자로서 그 방법의 기회를 실행으로 집약했으니 가능했을 것이다.

우리의 기업형태는 크게 다섯 가지로 나눌 수 있다. 나와 당신이 그렇게도 마음속으로 사모하던 '대기업', 마지못해 돈과 결부 지어 최선의 선택을 하게 되는 '중소기업'이 있을 것이고, 영혼을 팔아서라도 안락함에 몸을 눕히고 싶은 '공직'이 있다. 책상과 한 몸으로 살아온 사람들이 주로 차지하는 '전문직종'이 있고, 사회를 위해서 작은 불씨가 되고 싶다는 '비영리 조직'이 있다.

그렇다면 당신은 성인이 되면서 이 다섯 가지 직업 중에서 어느 곳을 선택했는가? 지금 당신이 일하고 있는 그곳에서의 일이 과연 당신이 그렇게 원하고 기도를 올렸던 그 직업인가? 대부분의 직장인은 이와 같은 질문에서 결국 웃음을 보이지 못하고 고개를 떨구고 만다. 그렇다. 자신이 원한 직종은 이 세상에 단 하나도 없다. 앞서 말했지만 사피엔스는 자신이 원하지 않았던 일도 1~2년 동안 머리를 처박고 하게 되면 그 일이 내 일이 된다고 하지 않았던가! 적응의 힘이 아니라 적응의 실패 말이다.

〈'19년 조직형태별 일자리수, 단위(만)〉

조직형태	총계	지속일자리	대체일자리
총계	2,403.7	1,795.8	286
대기업	380.4	316.7	43.2
중소기업·개인기업 등	1,513.9	1,080.4	182.4
정부·비법인단체 등	270.8	217.7	28.1
회사 이외의 법인	238.6	181.0	32.3

〈통계청 2020.12.〉

앞서 말했듯이 나는 직원수나 자산총액 그리고 매출액으로 보면 그렇게 힘주어 말하기도 힘든 수준의 중소기업 회계팀에 입사해 인사팀에서 성장했다. 내 스펙과 역량 그리고 미래가치를 봤을 때 그만한 회사도 나에게는 과분하다는 생각으로 적극적으로 행동했다. 스스로 몸을 움직여 밖으로 나가 기본적인 성장발판을 마련하고 곧바로 해외사업장으로 향했다. 나는 작은 회사에서 해볼 수 있는 모든 경험을 쌓고 내 경력으로 활용할 수 있도록 모든 조치를 취했다. 회사에서 살아남기 위한 몸부림보다는 주도적으로 일을 해나가는 자세를 가진 인물로 사람들에게 각인시켰다.

예를 들면 이런 게 있었다. 중소기업은 각 분야별 전문성을 강화해서 최고의 성과를 창출하기보다는 비용적 측면을 가장 중요하게 생각한다. 모든 걸 다하는 관리부서가 운용되는 이유이다. 즉, 한 사람이 몇 가지 일을 더 해주면 좋아한다. "이 업무, 제가 한 번 해보겠습니다."라면서 다양하고 많은 일을 내 것처럼 받아들이고 따랐다. 자기일 외에는 잘 모르고 동료와의 업무분장이 명확한 대기업, 공무원 조직과는 이런 면에서 큰 차이가 있다. 나는 이런 중소기업의 토양을 기회의 땅이라 말하고 싶다. 자신이 원한다면 무엇이든 더 할 수 있고, 자신의 능력과 업무영역을 무한대로 키울 수 있기 때문이다.

중소기업 VS 대기업·공공기관

중소기업에서 다양한 경험을 쌓은 후 대기업으로 이직하는 것은 많은 직장인들이 선택할 수 있는 현실적인 커리어패스$^{career\ path}$이다. 통계청이 2020년 12월에 발표한 2018년 일자리 이동통계에 따르면 30대 미만은 학업을 마치고 직장을 찾는 과정에서 안정된 일자리로 이동하는 경향이 있다보니 이동률이 높다는 걸 알 수 있다. 즉, 입사를 해도 현재의 회사에서 자신의 성장과 미래의 안정을 보장받지 못한다는 것을 눈치채게 된다. 반면에 50·60대의 경우 은퇴 후 새로운 직장으로 이동하는 등 정년을 앞두고 일자리를 옮기는 것을 알 수 있었다.

결론적으로, 신입직원과 말년직원의 이직률이 가장 높다.

　　기업 규모별 이동은 대기업에서 대기업으로, 중소기업은 중소기업으로 옮기는 경우가 많다. 그나마 중소기업 이직자 중 9.4%는 대기업으로 이동했다. 왜 대기업에서 중소기업으로, 중소기업에서 대기업으로 이동하지는 못하는 것일까? 이 부분에 대해서는 더 이상 설명하지 않으려 한다. 중소기업에서 대기업으로 이동할 수만 있다면 이것은 하나의 목표가 되어야 하지 않을까? 이 부분에서 우리가 찾을 수 있는 열쇠가 있다.

〈중소기업 VS 대기업·공공기관〉

기업 형태	장점	단점
중소기업	• 낮은 진입장벽 • 다양한 업무 얼마든지 가능 • 능력에 따른 성장 가능성 높음 • 열린 직원 간 소통채널 • 정년에 관한 부담 없음	• 낮은 수준의 복리후생제도 • 불안정한 시장폐업 긴장감 • 제한적인 교육의 기회 • 낮은 work & balance
대기업·공공기관	• 좋은 복리후생제도 • 높거나 안정적인 급여제도 • 높은 개인의 사회적 신용도 • 이직 시 플러스 요인 • 각종 교육의 기회제공	• 높은 진입장벽 • 높은 수준의 직업윤리 요구 • 조직이 요구한 업무위주 수행 • 높은 실적에 대한 압박(대기업) • 빠른 정년(대기업)

　　중소기업에 근무하는 사람들의 공통점이 있다. 경력관리가 좋지 못

하고 역량개발에 소극적이라는 것이다. 나는 입사지원서를 볼 때 가장 먼저 눈이 가는 곳이 '경력란'이다. 보통의 경우는 참 웃길 정도로 이직이 많다. 특별한 일이 없다면 최대 7~8년에 한 번 정도의 이직은 봐줄 만하지만 그 이상이 된다면 곤란하다. 유독 중소기업 출신이 이 부분에서 약점을 보이고 있다. 애초에 근무조건, 출퇴근 거리, 복리후생, 기업문화, 성장 가능성 등을 염두에 두고 신중하게 입사를 결정해야 한다. 당장 배고픔을 벗어나기 위한 탈출구가 되어서는 안 된다.

역량개발을 직원입장에서 다른 말로 자기계발이라 하기도 한다. 자기계발은 우리가 할 수 있는 최선의 방법이 될 수 있다. 대기업, 공공기관과 중소기업 출신자의 가장 큰 차이점은 학력이 아니라 바로 교육의 질과 양이다. 대기업은 회사 내 교육원 또는 교육담당 부서가 따로 있어서 회사가 추구하는 가치core value를 실행하기 위한 직원을 교육하고 성장시키는 시스템이 자리 잡혀 있다. 개인이 원한다면 사외교육에도 등을 떠밀면서 내보낸다. 반면, 중소기업은 자신이 몸을 움직이지 않으면 업무능력, 기술을 발전시킬 교육의 기회는 찾아오지 않는다.

중소기업 재직자는 아직 자신이 도달해야 할 목적지가 저 멀리 있다는 각오로 몸을 더 움직여야 하는 부지런함이 있어야 한다. '노사발전재단'에서 운영하는 무료교육에 참여하거나 '재직자내일배움카드'를 활용한 외부교육뿐 아니라 각종 교육에 참여해야 한다. 전문가 세미나 등 지역대학에서 운영하는 아카데미를 활용해도 좋다. 다행인 것은 기형적으로 발전한 대기업 쏠림 현상이 수정해야 할 당대 과제임을 정부가 인식하면서 교육의 기회를 제공하고 있다는 것이다.

나는 재직 중에도 고밀도 인사·회계 자격증을 취득하고, 3년 만에 무급휴직을 내어 해외 어학연수를 떠났다. 교육에 대한 목마름과 도전하고자 하는 움직임이 없었다면 나에게는 아마 새로운 기회를 맞이할 행운이 따르지 않았을 것이다. 이후 해외주재원에 선발되면서 증폭된 내 경력은 대기업에서도 쓸 만한 역량이 되었고, 그렇게 대기업 계열사로 이직을 할 수 있었다. 누군가는 언제까지 그렇게 자기계발만 하고 학습하면서 살아야 하느냐고 묻기도 한다. "끝을 상정하지 말고 지속해서 공부해야 합니다." 나는 늘 이렇게 답한다.

대기업을 다니거나 공직생활을 하고 있다고 해서 당신이 이직을 선택해야 하는 시간이 찾아오지 않으리라는 법은 없다. 4차산업으로 뒤숭숭한 시간은 IMF 때보다 더 심하다. 대기업도 공공의 안락함을 무시할 수 없는 시대이다. 직장에 다니며 공무원, 공기업 준비를 하는 공시생이 하루가 다르게 늘어나는 이유이기도 하다. 그렇게 공직에 입성한다고 해서 모든 게 끝나는 것은 또 아니다. 컴퓨터로 대체가 쉬운 직종이 공무원이라고 하지 않았던가. 당신이 공무원이거나 공기업 또는 공공기관에서 일하고 있다고 가만히 넋 놓고 있지 않기를 바란다.

지금까지 글을 써오면서 몇 가지 강조한 게 있다. 하나는 '좋은 인생을 위한 것이 아니라, 좋은 평판의 직업을 얻기 위해 존재하는 우리의 교육 시스템은 이미 붕괴했다'라는 것이고, 또 하나는 '개인의 의식변화를 일으켜 성장을 도모할 수 있는 사람만이 진정한 자신의 인생을 살 수 있게 되고, 결국 행복으로 인생을 결산할 수 있다'는 것이다. 내가 왜 두 개의 카테고리를 이렇게도 저렇게도 파보면서 각양각색의 표현을 쏟아냈는지 생각해보길 바란다.

'경력관리'와 '역량개발', 이 두 가지를 5년만 잘 쌓는다면 당신이 추구하는 삶의 질을 높일 수 있는 직장선택의 문은 넓어질 것이다. 양재천의 잉어 이야기를 기억하는가? 세상이라는 강물 속에서 하염없이 주둥이만 뻐끔거려봐야 그 입속에 들어가는 것은 먼지뿐이다. 이제는 자신의 한계를 부수는 도전자가 되기를 바란다. 미래는 그리 멀리에 있지 않다.

Tip

일반적으로 25세에 취직하고 60세에 정년이라고 하면 35년의 직장생활을 하는 것이다. 10년에 한 번, 총 3~4번 이직의 기회는 있다. 현재에 안주하지 말고 좀 더 나은 조직을 갈구하라.

고스펙 〈 창의력

"작은 성실함은 위험한 것이며,
과도한 성실함은 치명적이리만큼 위험하다."
오스카 와일드Oscar Wilde

"나 때는 말이야, 업무시작 한 시간 전에 출근하고, 매일같이 야근했어.", "요즘 애들은 열정이 없어 열정이!"라며 라떼는 오늘도 이렇게 말하고 앉아 있다. 열정이라는 단어를 과연 저런 쓸데없는 것에 사용해도 괜찮을까? 몸만 있으면 몸빵으로 보여줄 수 있는 노가다일 뿐인데 말이다. 님들은 열정을 다른 말로 '성실함'이라는 예쁜 리본을 달아 포장하기도 한다. 안타깝다 못해 불쌍하기까지 하다.

몸만 있으면 가능한 것	아무나 다 가지고 있지 않은 것
성실함	열정
지식	창의력

과연 *성실*함일까, 무식함일까? 이러한 님들은 자신의 성실함과 꾸준함을 과시하기 위해 회사에 다니고 있는 듯, 눈이 오나 비가 오나 전날 새벽까지 회식이 있었음에도, 죽는 한이 있어도 항상 그 시간이면 그 자리에 앉아 있다. 그리고 자신의 위대함에 감명을 받는다. 몸과 시간만 있으면 누구나 할 수 있는 그런 일은 성실이 아니라 얼빠진 착각일 뿐이다. 그의 몸값은 결국 그것뿐이다. 언제부터 시작된 '성실의 시대'인지, 빙하기도 어느 시기가 되었을 때는 끝났다고 하는데 우리 직장에서의 성실의 시대는 언제 끝나게 될지, 우리는 알 수가 없다.

지식과 근면을 축약하면 '성실'이라고 할 수도 있다. 이러한 개인의 역량은 이제 기업에서 살아남을 수 있는 필수역량이 아니다. 매일 저녁 해야 할 일도 많고 회사를 지키는 수호신이기 때문에 먼저 칼퇴근한 직원들 앞에서 당당하다면, 그렇게 오늘도 야근을 한다는 의무감에 사로잡혀 차례로 퇴근하는 다른 동료들이 자신을 보고 성실함의 중요성을 깨닫기를 바란다면, 그 사람은 이미 그 자리에 없어도 되는 인물이다. 보통 자신은 '아니다'라는 생각으로 착각의 늪에서 실패를 맛보고 있으니, 자신은 아니라는 생각 자체가 이미 자신도 그런 가능성이 있다고 반추할 수 있다.

이제 성실함과 지식은 당신을 대표해서 자신의 가치를 증명할 수 있는 자산이 아니라고 말할 수 있다. 성실함과 지식은 언제 어디서든지 즉시 대체할 수 있는 기본요소일 뿐 충분요소는 아니기 때문이다. 아직도 성실함과 학력이 조직을 이끌어가는 가장 중요한 덕목이라고 생각하는 곳이 있지만, 몸과 마음만 있으면 누구나 할 수 있는 것은 더 이상 당신을 성장시키지 못한다.

취업률 1위, 100% 취업

지난여름, 지인의 아버지가 돌아가셔서 상갓집에 가기 위해 고속도로를 달렸다. 아직 해가 떨어지기 전이라서 고속도로의 한산한 모습과 바깥풍경이 그대로 눈에 들어왔는데, 그 모습에서 차분함을 느꼈다. 한 시간 30분쯤을 운전했는데 고속도로 광고판 중에 가장 많았던 게 대학교의 취업률과 관련된 광고였다. 아무리 먹고사는 문제가 인간의 욕구 중 가장 기본이 되는 것이라고 해도, 우리의 고등교육기관의 사명이 언제부터 '취업'이 되었는가?

아직도 대한민국은 권위에 관한 인식이 남다르다. 명함에 교수, 변호사, 의사, 판사라고 적혀 있으면 이미 그 사람은 존경할 만한 사람이 되어버린다. 삼성, SK, 인천공항공사라도 찍혀 있으면 이 사람은 이미 창의적이고 똑똑한 사람으로 정의 내려진다. 아직도 우리는 행복의 기준을 성공에 두고 있고, 좋은 학력과 좋은 직업을 갖는 것으로 공식화했기 때문이다. 대학교에서 가르치는 것이 과연 무엇인가? 학문을 연구하고 사회를 이끌어갈 사람들이 모여 있고, 그 속에서 치열한 토론을 하며 자기의 생각을 흐름대로 늘어놓을 수 있는 그런 곳이 아니었던가. 그러나 우리는 대학을 취업과 사회진출을 위한 하나의 절차쯤으로 생각하고 있다.

고등교육기관 진학률은 2010년부터 지난해까지 꾸준하게 70%대를 유지하고 있다. 이것은 엄청난 수치다. 미국 워싱턴대학교를 졸업하고 고려대학교에서 정치외교학 석사과정에 있는 친구는 나의 이런 설명을 듣고 믿을 수 없다는 듯 'fu*k'만을 연발했다. 마시던 맥주를 내 면상에 뿜을 뻔한 친구의 말에 따르면, 그런데 왜 이렇게 사람들이 하나같이 똑같은 옷만 입고 똑같은 말만 하는지 모르겠다는 것이다. 물론 교육도 하나의 사업이라고 놓고 취업을 원하는 학생들을 수요라고 한다면, 공급을 적정하게 할 의무는 학교에 있는 것과도 같다. 그러나 학교와 비즈니스는 다르다.

조금 다른 측면이 있지만, 2009년부터 도입된 로스쿨을 한번 들여다보자. 한 사람의 일생을 다루는 재판에서 학식만으로 판단을 내릴 수 있을까? 인간의 오묘한 삼라만상의 이치도 알아야 하고, 교양도 갖춰진 상태에서 법을 이해하고 그것을 집행했을 때 사람들이 납득할 만한 법률해석을 할 수 있다. 그러나 로스쿨은 현재 변호사 시험을 통과하기 위해 학과에 몰려드는 현상으로 교통체증이 일어나고 있다. 그래서 학식은 많지만 양심과 공감능력이 떨어지는 사회의 리더가 많은 것은 아닐까?

우리 사회가 대학교를 바라보는 시각 자체에 문제가 있다. 물론 전국 상위권 대학 중 일부는 나름 배움의 터전으로 평가받기도 하지만 그곳도 대부분 취업과 연관된 연결점을 무시하지 못하고 있다. 언제부터 '대학교병'에 걸렸는지, 우리 부모님 세대는 배움의 목마름을 자식에게 물려주고 싶지 않았고, 지긋지긋한 가난으로부터 해방시켜줄 동아줄이 바로 교육이라고 생각했다. 어느 정도 맞는 말이기도 하다. 그러나 그 동아줄이 이제는 썩어가고 있고 더 이상 우리를 이끌어줄 끈이 되어주기 힘든 지경에 이르렀다.

끊임없이 학습해온 우리 민초들은 사회를 살아나가는 지적 수준이 그 어느 때보다 높다. 쉽게 접근 가능한 정보화의 발달을 가장 큰 요인으로 볼 수 있다. 그 이면에는 성장하고 싶고 성공하고 싶다는 개인적인 욕망에서 비롯한 지식의 저장이 아닌가 싶다. 나의 지적 능력에 한계를 느끼는 시점에서 과연 이 지식이 살아 있는지, 아니면 지식의 무덤에 묻혀 더 이상 행동으로 이어지지 못하게 하는 불순물인지 생각해야 하는 대변화를 겪고 있다.

지식이냐 창의력이냐

창의력이 대세인 시대로 접어들었다. 단순히 학교교육에서 얻고, 각종 시험에서 얻은 지식만으로는 버티기 힘든 세상이기 때문이다. 다소 복잡하고 설득력이 떨어지더라도 무언가를 끄집어낼 수 있는 용기가 필요하다. 이러한 도전은 창의적인 진전을 이끌어낼 것이다. 창의력은 막힘이 없어야 한다. 실패도 없고 그렇다고 잘한 것도 없는, 정의를 내리지 않는 것이 창의력의 기본이다.

지식이란 아주 기본적이고 공유되어도 변함이 없는 수준의 검증된

앙식이다. 즉, 한 가지 지식이 누군가에게 전달되더라도 그 지식의 핵심은 변함이 없다. 그러므로 지식은 모든 사고의 기본소양이 되는 것이다. 예를 들어, 된장찌개를 끓인다고 생각해보자. 나는 책에 씌어 있는 대로 된장찌개를 끓였다. 그러나 그렇게 맛있다고 할 수 없는 애매한 느낌이 든다. 그때 똑같은 된장을 가지고 친구의 어머니가 끓였을 때, 그 맛은 내 것과 어떠한 차이가 있을까? 비슷한 것 같으면서도 뭔가 다른 이유는 무엇일까? 둘 다 똑같은 된장과 레시피로 찌개를 끓였으나 친구 어머니의 된장찌개가 훨씬 더 맛있다. 당연하다. 어머니의 손맛이 더해졌다는 것, 그거 하나만으로도 맛이 달라진다. 지식만 가지고는 된장찌개 본연의 맛을 내지 못한다는 것이다.

영화와 같은 문화예술에서도 마찬가지다. 수천만 원을 들여서 연기수업을 받았다고 치자. 그리고 영화 〈기생충〉의 기태^{송강호} 역할에 캐스팅되어 출연했다면 과연 영화가 주는 재미를 제대로 표현할 수 있었을까? 내가 주연으로 출연한 〈기생충〉의 맛이 송강호 주연의 맛과 같았을까?

송강호만의 말투와 표현력, 특히 표정연기 등이 조합되어 기태라는 역할에 최적화되었기에 영화가 재미있었다는 걸 우리는 알아야 한다. 똑같은 대본과 감독의 지시를 받더라도 그 역할은 송강호가 연기했으니 기태가 된 것이다. 연기를 배우는 지식은 누구나 얻을 수 있다. 배우고 공부하면 쌓을 수 있고 대본은 변함이 없다. 대본과 연기수업은 '지식'이라고 말할 수 있을 것이다. 그러나 누구와도 공유할 수 없

는 것이 있는데, 이것을 '창의력'이라고 한다. 물론 지식의 다른 정의
는 수없이 많다.

창의력은 나만이 가지고 있는 연기력을 깨울 수 있는 원동력이고,
된장찌개를 다른 사람보다 더 맛깔나게 끓일 수 있는 손맛이다. 어디
선가 또는 누군가에게서 얻는 지식은 사실 대단한 것이 아니라는 얘
기다. 시간과 돈이 있으면 그리고 조금만 생각할 수 있는 두뇌가 있다
면 누구나 똑같이 지식을 습득할 수 있고 사용할 수 있다. 그럼에도 불
구하고 우리는 지식을 쌓기 위한 투쟁을 무려 20년 동안 해오고 있다.
초·중·고 그리고 대학교의 교육이 과연 한 사람의 사고에서 나올 수
있는 특별한 창의력에 어떠한 영향을 미쳤을까?

다행인 것은 급격한 시대의 변화에서 학력보다는 기술 또는 실력
이 중요하다는 것을 깨닫기 시작한 기업과 조직이 늘고 있다는 것이
다. 그러나 잘 바라봐야 한다. 우리가 과연 중국만큼이라도 혁신적인
사고를 통해 자신의 기업을 일으키고 키워나가는 데 어느 정도의 기
본토양을 갖추고 있는지를 말이다. 소위 사회를 이끌어 나가는 고학
력자들이 즐비한 정치권과 정부는 아직도 규제만이 우리 사회를 유
지할 수 있는 것처럼 텍스트^{text}만 넋 놓고 바라보고 있다. 어서 빨리
청춘들이 나서야 할 때다.

창의력과 문화의 역학관계

빌 게이츠Bill Gates를 앞서는 세계적인 경영구루Guru인 게리 하멜Gary P. Hamel은 혁신을 강조하고 있다. 혁신을 끌어낼 기본요소는 새로운 관점에서 사물을 바라보고 생각할 수 있는 창의력이다. 그래서 그가 말하는 가장 중요한 것은 혁신과 창의성이다. 게리 하멜은 각종 강연을 통해서 급변하는 세상에서 살아남으려면 반역을 꿈꾸라고 말해왔다. 반역이라고 해서 님들에게 맞서고 부당한 업무지시를 하면 멱살을 잡고 싸우라는 뜻이 아니다.

주말, 다리를 긁적거리며 소파에 누워 있었다. 정말 심심해서 TV를 켰는데, 재미있는 프로그램이 방영중이었다. 〈김영철의 동네 한 바퀴〉. 이 프로그램은 연기자 김영철이 전국 각지의 골목들을 돌아다니며 사람들과 만나는 기행 다큐멘터리이다. 이날은 대전을 방문해 이곳저곳을 돌아다니다 점심을 먹으러 한 식당을 찾았다. 식당은 이미 대학생들과 직장인들로 만원인 가정식 백반집이었다. 손수 만든 갖가지 반찬들은 영양이 중요하다면서 좋은 식자재만을 사용했고, 밥은 마음껏 더 먹을 수 있도록 양껏 준비해둔, 주인의 인심이 정말 좋은 곳이었다.

"맛있어져라, 맛있어져라!" 주인 할머니는 요리를 하고 손님도 직접 맞이하느라 정말 바빴지만, 음식은 꼭 손수 만들었다. 반찬을 만들면서 주문을 외우는 할머니의 목소리에는 진심이 담겨 있었다. 옛날 길거리에서 장사를 할 때 밥 한 그릇 사 먹지 못했던 할머니는 누구보다 배고픔을 잘 알고 있기에 음식으로 돈을 벌려고 하지 않는다고 한다. 단지 사람들이 이곳에 와서 맛있게 먹고 많이 먹는 것만 봐도 자신의 배가 부르더란다. "죽으면 수의에는 호주머니가 없대요."라며 한미경 할머니는 환하게 웃으셨다.

인생을 베풀며 마무리하고 싶다는 할머니의 꿈은 이루어진 듯했다. 웃는 얼굴에 공손하면서도 밝은 눈빛을 가진 할머니의 행복한 밥상을 보면서 나는 '인생이 이런 거구나!'를 느꼈다. 한미경 할머니처럼 열심히, 정직하게 베풀며 사는 평범한 사람이 국회의원, 판사, 검사, 굴지의 대기업에서 일하는 권위에 찬 사람보다 몇 배는 위대하게 느껴졌다. 나만 그렇게 느끼는 것인가? 할머니 같은 모습이 우리가 추구해야 하는 삶의 가치 아닐까?

성실과 지식으로 자신의 존재가치를 강화하지 말고 창조할 수 있는 가능성을 갖춘 직장인으로 변모해야 한다. 그러면 당신은 낡은 방식에서 혁신의 경영방식으로 변화하는 시장의 흐름 속에서 꼭 필요한 인재가 될 것이고, 결국 자신의 삶을 풍요롭게 해주어 행복한 삶을 살게 될 것이다. 당신이 갖추어야 할 창조와 혁신을 이끌어낼 환경이 과연 당신의 직장과 사회에 있는지 살펴보기를 바란다.

시대가 변해도 많이 변했다. 할아버지, 아버지 세대를 거쳐 언제나 변화는 있었지만, 지금처럼 빠른 속도로 시대가 변하던 때는 없었다. 인간세계는 기계가 대체가능한 것들이 기하급수적으로 늘어난 터라 태초부터 채집하고 사냥하면서 발전해오던 인류에게는 위기의 순간이다. 움직임을 둔화시킬 모양새다. 그 어느 때보다도 자기혁신을 끌어내 창의적인 존재가 되고자 사람들은 바삐 움직인다. 가만히 앉아서 책을 읽거나 인터넷으로 여행한다고 해서 창의력이 발전하지는 않는다.

사람은 누군가와 문화적 교류가 있을 때 새로운 사고를 하게 되고 그것이 남들과의 차이를 만드는 새로운 생각으로 발전된다. 즉, 움직이기 위해 존재하는 사피엔스의 본능이 흐름대로 움직일 수 있도록 자유를 부여해야 하는 것이다. 자유는 꽉 막힌 내 몸의 기억 저장소를 자극할 것이고 새로운 생각이 그곳을 통해 분출될 수 있다. 집에서는 이상해 보였던 행동과 생각이 밖에서는 혁신적인 영감이 될 수도 있으니 환경이 그렇지 못하다고 포기할 일은 아니다. 직장과 일상에서 발생하는 비슷한 현실을 탈피해서 완전히 새로운 것을 볼 수 있는 곳을 찾아 나서기를 바란다.

좀 더 창의적 사고를 발전시키고자 한다면 움직여야 한다. 자리에만 앉아 있지 말고 답이 뭐가 되든지 당장 움직이고 자극을 주면서 세상을 탐구하라. 그것이 창의이고 내 몸의 시스템이다. 자극이 없으면 두뇌활동도 휴식에 들어간다. 독서모임 같은 동호회나 건설적인 세미나에 참석하거나 자신을 헌신하는 봉사활동에 참여하기를 바란다. 땀을 흘리는 운동은 자신의 창의력을 성장시키는 데 당장 실행가능한 아이템이다.

한 공익 캠페인에 나오는 상황이다. 무엇이 나와 저 사람의 차이를 만들까?

선생님 : "얼음이 녹으면 뭐가 되지?"
학생들 : "물이요."
학생 A : "얼음이 녹으면 봄이 와요."

> **Tip**
> ·
> 나 아니면 안 된다는 생각을 갖도록 하자. 남들 다하는 'Yes'보다 당당한 'No'가
> 낫다. 나를 개척할 창의력은 그렇게 만들어진다.

5-3 자신보다 높은 수준의 조직을 찾아라

"경험은 거짓말을 하지 않는다."

프랜시스 베이컨Francis Bacon

미국 남부 텍사스에서 근무할 때 내 경력의 대부분을 차지하는 해외경험을 뒤로 하고 주재원 생활을 정리하라는 발령이 났다. 이제는 이 생활을 끝내고 국내로 복귀해야 한다는 통보를 받은 것이다. 해외에 살면서 정말 많은 일들을 겪었다. 초기, 한국의 업무 스타일에 젖어 있던 나는 처음부터 현지직원과 잦은 다툼을 벌였고, 각국의 경영환경과 법체계의 흐름을 따라가기도 벅찼다.

얼마의 시간이 지나고 현지인과 소통하는 법을 알고 나서는 한국인 직원보다 더 신뢰하게 되는 초현실을 몸소 겪기도 했다. 짧았지만 길게만 느껴지던 주재원 생활을 정리하려니 감회가 남달랐다. 불안했던 해외생활의 모든 것이 이제는 안정감이었고 국내로 돌아가야 한다는 생각은 쇼생크 교도소 밖의 세상과도 같아 두려워지기 시작했다. 두려움은 아쉬움의 대변이었다.

인류 역사상 행복을 찾기가 그 어느 때보다도 힘든 시기가 지금이라면, 나에게는 공허함을 느끼는 지금이 직장생활에서 가장 힘든 시간이다. 공허함은 허전함이다. 허전함은 몇 년간 사탕을 씹어 먹다가 조금씩 썩어들어 가 결국 빠져버린 이의 그런 허전함과는 차원이 다르다. 헤어짐은 레슬링 선수가 내 땀이 배어 있는 매트를 떠나는 날 뜨거운 눈물을 흘리는 듯한 아픔이다. 그것이 허전함이다. 심장 아래에 불어오는 찬바람은 공허함이다. 얼마나 자신의 열정이 담겼는지에 따라 느끼는 공허함의 크기는 다를 수밖에 없다.

본사발령이 나고 1개월의 정리할 시간이 주어졌다. 나는 본사로 복귀할지 아니면 다른 일을 할지 잠시 고민을 했다. '난 이 회사를 너무 오래 다닌 거 같아.'라는, 피부에서부터 전해지는 야생의 본능이 저 넓은 평야를 향해서 달려보라는 무언의 도전의식을 자극했다. 그동안 모아둔 돈도 좀 있고 사업을 시작해볼까? 사업을 한다면 어떤 것을 하면 될까? 내가 할 줄 아는 거라고는 인사회계, 행정, 국제관계 그리고 관리업무뿐인데 그동안 나는 무엇을 했다는 말인가! 남는 게 없는 듯했다.

보통 퇴직할 때 준비하는 계획

1. 이직준비

2. 사업준비

3. 이곳에 남아서 이직 또는 사업준비

세 개의 시나리오 중 하나가 내 미래가 될 것이 확실했다. 이유는 더 이상 이 회사에 남아 일하고 싶지 않았다. 많은 시간을 함께했고, 이 정도면 할 만큼 했다고 생각했기 때문이다. 그동안 나의 도움요청에 한 번도 제때 반응해주지 않았던 수동적인 관료형태의 님들은 이미 내 세계관의 눈높이에 닿지 않을 정도로 의식차이가 크게 벌어져 있었다.

몇 가지 실행가능한 시나리오를 짜서 목표를 구체화시켰다. 앞에서도 말했지만 여러 가지 옵션을 복합적으로 고려하면서 나는 국내에 복귀하자마자 나름 시스템을 갖춘 유통사업에 투자했다. 그리고 꽤 많은 돈을 날려 먹고 종일 막걸리 통에 빠져 살았다. 모든 게 쓰라렸다. 그렇게 몇 개월을 보내니 나는 다시 조직 안의 안락함이 그리웠다.

실패는 조급함을 낳았다. 사업실패를 뒤로하고 다시 낮은 자세로 세상 속으로 기어들어 갔다. 나는 조금 더 현실적인 대안으로 국내에서도 세계사업을 펼치는 다국적기업을 찾아 내 경험을 연장하는 것으로 결정했다. 이력서를 업데이트하고 헤드헌터에게 뿌렸다. 매일 채용 사이트에 접속하면서 채용공고를 훑기 시작했다. 국내의 채용시장이 어떻게 흘러가고 있는지 감을 잃었기 때문이다. 빨리 몸을 끌어올려야만 했기 때문에 가능하면 국내 사이트를 검토하는 데 많은 시간을 할애했다.

그렇게 얼마 후 나는 계열사이긴 하지만 SK그룹으로 이직을 했다. 나름의 규모와 재무 안정성 특히 직원에 대한 복리후생이 좋은 대규모 기업이었다. 이렇다 할 스펙도 없던 나는 할 수 있었던 모든 것을 다 해봤다. 영어의 필요성을 늦게라도 느꼈고, 그래서 다른 사람들보다 조금 더 노력했다. 업무에 필요한 각종 자격증을 대식가처럼 찾아 먹었다. 그렇게 해서 잡은 해외주재원의 경험은 국내에서도 또 다른 기회의 문을 열게 해준 것이었다. 괜찮은 이직이었다.

이직으로 얻은 것들

새로운 회사에 출근했고, 나름 괜찮은 환경과 위치에서 업무를 하게 되었다. 물론 예전 해외로 나가기 전, 직장인이 받는 스트레스 3종 세트(라떼, 보고서, 야근)는 그대로였지만, 이미 열려 있던 나의 가슴은 누구 못지않게 널찍했고, 조금 더 깊은 사고에서 다양한 업무를 할 수 있었다. 세계를 바라보던 눈높이는 이미 국내의 동기들과 업무의 편차를 가중한 것이었다. 사업에 투자만 하지 않았다면 최고의 시나리오가 완성되는 순간이었다.

회사는 기업의 이윤만을 추구한다. 그것이 상업의 목적이고 기업이 살아남는 이유이다. 그 목적이 빠진 것을 우리는 사회적 기업 또는 공공기관으로 묶어서 말하기도 한다. 그렇게 굳이 나눌 필요가 있을까 하겠지만 당연한 이치다. 상업을 목적으로 하는 기업, 즉 주식회사는 기업의 이윤이 없으면 문을 닫아야 하고 우리는 집으로 향하면 되는 것이다. 그래서 돈을 벌어야 하는데, 수단과 방법을 건너뛰며 일을 산더미처럼 쌓아놓고 일하는 상황에 부닥치는 이유다. 야근과 라떼의 천국인 회사는 그래서 우리에게 고단함을 선사한다.

회사를 설립했다가 실패하고 SK그룹에 이직했을 당시 회사는 급격한 과도기였다. SBS방송사의 태영건설과 합작을 시도하면서 회사 직원의 반은 SK그룹, 반은 태영건설 출신이었기 때문이다. 관리분야, 즉 인사, 회계, 기획, 법률은 SK체계였으나 영업, 기술, 노무와 같은 부서는 태영의 영향을 받는 상황이었다. 그러다보니 한 회사에 두 개의 기업문화와 라떼의 존재는 실무자 입장에서 처리해야 할 업무를 두 배로 만드는 이유가 되었다. 예를 들어 두 개의 기업형태의 보고서를 준비해야 하는 것처럼 말이다.

앞서 말했지만, 이 회사는 말로 다 담을 수 없을 정도로 일이 많았는데 해외진출 프로젝트 미래 기획까지 해야 하는 중책을 맡다보니 우리 부서는 매일 야근을 해야 했다. 라떼는 또 왜 그렇게 많았는지, 그렇게 내 선배는 나보다 먼저 떠나고, 고단한 얼굴을 비빌 언덕이 사라지자 나 역시도 이직준비를 하게 된 것이다. 그 옛날 공직의 기회를 스스로 박차고 사기업으로 흘러들어왔던 나는 조금씩 공직과 그들만의 속박이 그리워지기 시작했다. '아, 안정 속으로 다시 들어가고 싶다!'라고 혼잣말로 되뇌었다. 말 그대로 정해진 업무를 정해진 대로 하면 되는 그런 것 말이다. 일과 삶에 찌들어 세제를 써도 그 때가 빠지지 않을 흰색 와이셔츠 같았다.

공직에서 중소기업으로 그리고 스타트업 설립과 실패, 대기업으로 이직, 마지막으로 공직에 다시 들어온 이 생애 사이클은 마치 트랙^{track} 위에 올려진 한 마리의 강아지와도 같다. 한 바퀴 빙빙 돌아 제자리에 돌아온 느낌이니 말이다. 그러나 나는 '그때의 내가 아니다!'라고 말할 수 있다. 만약 당신이 이직과 인생성공의 방법을 묻고자 한다면 나는 이 책에 담긴 내용이 그 방법이라고 알려주고 싶다. 내가 말하는 청춘의 경험은 돈으로 살 수 없는 인생의 자산이다. 그 자산이 통장의 잔고를 높여줄 수는 없어도 내 전두엽의 기능은 두 배 이상으로 가동시킬 수 있기 때문이다.

세계를 보면 나도 세계가 된다

"말은 제주도로 보내고, 사람은 서울로 보내야 한다." 어렸을 때 아버지가 자주 했던 말이다. 큰 세계에서 자신을 단련시켜 존재의 가치를 증명하라는 그 가르침은 나를 한 차원 높이는 시간을 제공해주었다.

성장을 원한다면 현재 자신보다 앞서가는 사람들과 경쟁해야 자신을 새로운 레벨로 초대해줄 것이다. 학교에서는 영재반에 들어가고, 어학원에서도 높은 수준의 반에 드는 것이 나의 잠재능력을 끄집어내어 결국 나를 성장시킬 지름길이라는 걸 우리는 알고 있다. 병 속에 들어 있는 벼룩 이야기를 기억하는가? 그 이야기의 핵심은 벼룩들이 집단의식 속에 정신적 장벽을 형성했다는 것이다. 그 장벽 속에 자신을 막아서 결국 더 높게 뛰는 방법을 잃어버린 상황을 우리는 바라지 않는다.

상황을 제한하는 반복은 정신적 한계를 형성한다. 그래서 우리는 매일 반복되는 자리를 밀어내고 나를 찾아 나서야 한다. 성장을 원한다면 쉬운 무리에 속하지 않도록 할 것이고, 가능하면 성과와 기대의 요구가 높은 곳으로 가야 한다. 재능은 홀로 성장하지 않는다는 것을 받아들이면서 말이다. 당신이 속한 상황을 통해 성장하기 때문에 경쟁상대는 대단히 중요하다. 세계는 나에게 병 밖의 세상을 선물해주었고, 다양한 민족과 문화 속에서 다른 관점을 배울 수 있게 해주었다. 또 그들의 의식과 능력으로 선의의 경쟁을 하게 해주었다.

노력은 쓰고 열매는 달다고 하지 않았던가! 갖가지 고생을 했지만 결국 나는 넓은 시야를 가진 직장인으로서 성공의 길로 접어들 수 있었다. 큰물에서 놀라고 했다. 어느 날 나는 내가 성장한 것을 느낄 수 있었고, 직장과 사회에 대한 두려움이나 걱정이 없어지자 세상이 좁게만 느껴졌다. 이것이 나만의 착각일 수도 있고 변한 국내의 사정을 좇아가지 못하는 내 장벽의 한계일 수도 있다. 그러나 스스로 느끼는 업무의 판단력은 분명하게 성장했다.

마음의 눈으로 취직이나 이직에 성공한 장면을 그려보고 바라본다

245

고 정말 그렇게 되는 것은 아니다. 머릿속에 돈을 벌어보겠다는 그림만 열심히 그린다고 사업이 되는 것도 아니다. 찾아다니고, 공부하고, 평소 자신의 이야기를 업데이트해야 한다. 입사지원서에 무엇을 적어 넣을지에 관한 고민을 하지 말고 내가 그곳에 필요한 사람인지를 고민해야 한다. 무엇보다도 자신의 가치를 높일 수 있는 전략이 필요하다. 그 전략은 자신만이 업데이트할 수 있는데, 이왕이면 남들이 하지 않는 접근법을 추천한다. 자신과 동료의 차이를 둘 수 있는 무언가를 찾아 나서기를 바란다.

Tip

자신보다 높은 수준의 조직을 찾아가라. 중소기업에서 대기업으로, 대기업이면 공공기관으로 자리를 이동하라. 직장의 핵심부서는 인사, 기획, 회계이다. 이들과 가깝게 지내라.

여행 속에서 답을 찾아라

"여행은 다른 문화, 다른 사람을 만나고 결국에는
자기 자신을 만나는 것이다."
한비야

영국 BBC 방송은 매일 그날의 전 세계 이슈를 종합해서 그날의 단어를 발표한다. 2019년 9월 우리의 피부를 간지럽히고 오감을 자극하는 한 단어가 나왔다.

'KKONDAE' An older person who believes they are always right (and you are always wrong).

"아, 왜 우리 조직은 꼰대천국이 되었을까?" 많은 직장인의 공통된 질문이자 자조 섞인 이 한마디는 우리의 모습을 그대로 드러내준다. 내가 아니라고 한들 과연 내가 꼰대가 아니었을까? 문화가 아닌, 이제는 하나의 단어로 굳어진 이 말은 언제부터 시작되었을까? 개인과 나라발전에는 하나도 도움이 되지 못한 유교문화에 뿌리를 두고 있는 것일까, 아니면 다른 곳에 그 뿌리가 있는 것일까?

전 직장에는 님이 두 분 계셨다. 부서담당 임원인 님은 나를 포함한 모든 직원이 자신의 비서역할을 해주기를 바랐다. 지나가다 툭 던지는 질문에 1초의 망설임도 없이 대답을 해야 하고, 만에 하나라도 버벅대거나 생각하는 모습을 보이면 곧바로 "빨리 안 찾아보고 뭐해!"라고 다그쳤다. 님도 다급한 마음에 스스로 관리가 쉽지 않아 그렇게까지 직원들을 달달 볶았을 수도 있다. 회사에서 상사와 나 사이의 관계는 어떤 관계일까? 동료일까, 아니면 주인과 노예의 관계일까? 가끔은 헷갈릴 때가 있다. 몇 년 전까지만 해도 주인과 노예의 관계가 대부분이었다.

'저 개새끼 두 명만 없으면 난 장수할 수 있을 거 같아.'라고 수백 번을 되뇌인다. 언제나 누군가에 의해서 내 수명은 줄어드는 것 같다. 정말 그럴까? 일본의 장수마을 할아버지 할머니들한테는 개새끼가 없었을까? 그렇다. 내 생명선의 굵기를 가늘게 만드는 님들은 하나같이 우리 회사에 있다. 인정하고 들어가야 한다. 복싱하는 선수가 한 대 맞을 것을 예상하면 코피는 터질지언정 심장마비에는 걸리지 않기 때문이다.

보통 사업장의 근무 분위기는 CEO의 마음이 신입사원에 이르기까지의 과정에서 달라진다. 가장 높으신 님의 훈시를 다른 님은 직원에게 전파해야 하고, 전파하는 과정에서 혹시라도 누락된 것이 없을까 노심초사하면서 처음 분위기보다 더 과하게 직원을 다그치게 된다. 그렇게 님은 부하직원을 뿌연 먼지가 가득한 감정으로 내리사랑을 이어간 것뿐이다. 이것을 나는 '생지랄'이라고 부른다.

대부분의 꼰대는 급격한 산업화 과정을 겪어오면서 많은 것을 경험할 기회가 적었던 우리 선배들의 인생과도 맞닿아 있다. 한 가정의 가장역할을 해야 하는 부모 밑에서 맞이로 태어나 일찍이 자신도 가정을 위해 돈을 벌어야 하는 삶에 내던져진 부모세대, 학교에서 주어진 주입식 교육과정 속에서 생각의 폭을 넓혀볼 기회가 적었던 우리 세대의 공통점은 다양한 경험부족이다.

마음속이든 사물에서든 얻어지는 경험의 중요성은 우리 삶의 질을 형성하는 지대한 역할을 하는 게 분명하다. 앞에서 살펴보았듯이 삶의 질을 결정하는 것이 경험이라면 그 다양성 또한 중요하다는 결론에 이른다. 높은 수준의 경험치는 하나에 매몰되지 않는 사고를 할 수 있도록 도와줄 뿐만 아니라, 막혀 있는 돌담길도 이어 나갈 수 있는 지혜의 선물이 담겨 있다. 그러나 자신이 경험한 것을 일반적인 수준에서 가장 적합하다고 여기고 그것을 평준화시켜버리는 경험치는 더 이상 필요 없다.

플라톤Plato은 경험을 물질적인 현상에 한하기 때문에 물질적인 경험은 일시적이고 이것은 우리의 삶에 쓸모없는 진정한 지식이 아니라고 말했다. 이분은 정말 어렵게 말했지만 간단하다. 경험을 살리기 위해서는 물질적인 경험과 함께 정신적인 집중도 함께 있어야 삶의 질을 변화시킬 원동력으로 발전한다는 말이다.

님이야 어떻게 할 방법이 없지만, 나는 님이 되고 싶지 않다. 당신도 마찬가지 아닌가? 그렇다면 나를 변화시켜야 하고 그들과 다른 생각을 할 수 있는 문명을 가진 사피엔스가 되어야 한다. 경험은 여러 가지가 있지만, 똑같은 삶 속에서 일반화된 경험은 지양하기 바란다. 님과 같은 범주의 경험을 한다면 그들과 같이 꼰대의 삶 속으로 들어갈 수도 있기 때문이다. 다른 삶을 살고자 한다면 다른 방식의 경험을 추구해야 하는 이유다.

나는 물질적 경험과 정신적 경험을 동시에 할 수 있는 가장 좋은 방법이 바로 '여행'이라고 생각한다. 여행 중에서도 '문화 인류학적 여행'(16)이면 더 좋겠다. 여행은 일상에서의 모든 것을 털어내고 내가 있던 자리를 다른 제3자의 눈으로 바라볼 수 있게 해주고, 생각의 흐름을 변화시킬 수 있도록 하는 가장 좋은 선택이다. 일상을 잠시 떠나 모든 것을 잊고 현재의 내 생각을 정리하고, 버릴 것은 버리면서 자신의 의식을 정화해줄 필요가 있다. 그래서 떠날 수 있으면 언제든지 떠나기를 바란다.

문화 인류학적 여행이란 적게는 몇 달 동안 현지에 자리 잡고 현지인들과 관계를 맺는 것을 말한다. 가능하면 길고 깊은 이런 여행을 나는 '나를 찾는 여행'이라고 한다. 잠시 거쳐 가며 사진이나 찍는 그런 여행과는 구분이 된다. 패키지여행, 배낭여행에 익숙한 우리는 현지와 밀접하게 관계를 맺는 여행은 아직 부족하다. 내가 나고 자란 곳이 아닌 다른 지역에서 사회와 문화를 바탕으로 타인의 삶 속에서 다른 모습을 관찰하는 것이 바로 자신을 찾는 여행이다. 이 행위를 통해 내면의 모습을 발견하고 삶에 윤택함을 더할 수 있다.

직장인들에게 항상 부족한 두 가지는 돈과 시간이다. 돈은 항상 없었고 앞으로 직장생활 10년을 해도 없을 예정이다. 열심히 모아봤자 '티끌 모아 티끌'이라는 게 우리의 현실이다. 시간 또한 없었고 앞으로도 없을 것이다. 당신이 신의 아들이라고 해도 은퇴를 하고 관으로 들어가는 그때까지 시간은 많지 않을 것이다. 그렇다면 없는 돈과 시간을 어떻게 활용해서 나의 경험치를 끌어올리느냐? 당신의 마음먹기에 달려 있다.

돈과 시간이 없는데 무슨 경험치를 쌓느냐고 반문할 수도 있다. 돈과 시간이 지금도 없고 앞으로도 없을 거라면 신용카드 등 문명이 가져다준 모든 혜택을 활용할 수 있다. 즉, 돈을 모으기 위해 기다리는 시간비용보다 지금 시행하고 납부하는 이자가 결과적으로는 더 저렴하다. 시간이 없다면 다른 무언가를 하지 않으면 충분하다. 경제학자들 그리고 재테크에 성공한 사람들은 카드사용을 줄이고 한 달 동안 사용하는 비용을 통제하라고 말한다. 그것을 몰라서 안 하는 사람은 없다. 누구나 다 말할 수 있는 답으로는 우리의 꿈을 현실로 만들어낼 수가 없다.

현지인과의 3일

라오스 루앙프라방에는 메콩강을 거슬러 올라 태국 북부의 치앙콩이라는 도시로 가는 크루즈 노선이 있다. 배는 1박 2일 동안의 여정을 달려야만 목적지인 태국으로 넘어갈 수 있는 국경마을에 닿을 수 있었다. 중간 기착지가 있었는데, '팍벵'이라는 작은 산골마을이다. 저녁에 도착해 마을에서 하루를 보낸 후 다음 날 아침 최종 목적지에 도착하는 여정이었다.

선착장에 도착한 크루즈 주변에는 마을 아낙네와 아이들이 웅성웅성 모이기 시작했다. 식당과 호텔을 운영하면서 손님을 잡아내기 위한 호객들이었지만 그렇게 적극적으로 사람들의 팔을 잡아끌지는 않았다. 나는 고등학생쯤으로 보이는 여자아이와 그의 손에 잡힌 동생의 모습을 보고 그 아이들의 호텔로 숙소를 정했다. 마치 어린 시절 내 누나와 나의 모습을 보는 듯해 그랬는지, 알 수 없는 이끌림으로 따라나섰다.

호텔이라고 하기에는 허름한 현지식 2층 목조주택은 포근함이 배어 있었다. 입구에서부터 온통 나무향기가 코끝을 자극했고, 산골마을의 습한 바람도 방안에서는 따뜻한 공기로 변하듯이 조용하고 차분했다. 짐을 풀고 저녁을 먹기 위해 밖으로 나왔다. 2층에는 널찍한

베란다와 테이블이 있었고 거기에는 그 여자아이와 동생 그리고 아버지가 밥을 먹기 위해 네모난 테이블에 모여 있었다. "빨리 오세요, 어서요!"라며 아이는 나에게 손짓했고 나는 고개를 끄덕이며 자리로 가 앉았다.

라오스의 시골마을은 마치 우리네 60~70년대와 흡사하다. 세상이 변해도 사람의 인심은 변하지 않듯 타임머신을 타고 예전의 모습으로 돌아가게 해주었다. 그 시간의 역행 속에서 나라는 사람을 새롭게 바라볼 수 있었다. 어두운 등불 아래에서 누이와 속닥이며 무엇을 말해도 "품~." 하면서 즐거워하는 꼬마의 모습이 나는 왜 그토록 부러웠을까? 무엇이 그들에게 행복의 미소가 번지도록 했을까? 내 피부를 통해 심장으로 흘러 들어가는 모든 것들은 내 마음을 따뜻하게 해주었다. 그렇게, 예정에도 없었던 3일을 더 그곳에서 보냈다.

시골마을은 벗겨지지 않을 때가 덕지덕지 낀 세상과 다르다는 것을 증명이라도 하듯 인심이 후하고, 사람들은 나에게 삶 자체가 행복의 전부라는 것을 일깨워주었다. 다음날 나는 아이들과 깊은 포옹을 하고 사진 하나를 남겼다. 사진에는 내가 부러워하던 아저씨의 모습도 담겨 있는데, 사진 속 그들의 눈빛은 금빛인생이었다.

나의 다양한 사람들과의 만남이 배낭여행의 조상으로 여겨지는 한비야 작가의 그것에 비하면 소소할지 모르지만, 나만의 한 달은 나를 행복하게 해주었다. 이제 온전히 나의 자리로 돌아가 일할 수 있겠다 싶었다. 다른 세계를 품은 채 말이다. 그때의 행복함을 온전하게 집으로 가져오고 싶었다. 기억 속에만 남아 있는 것이 안타까울 뿐이다. 나는 가끔 잊힌 꿈을 되살리려는 막막함으로 머리를 흔들어 깨우고는 한다.

"나 지금 여기서 뭐 하고 있는 거지?"라는 말을 안 해본 사람이 있을까? 직장생활을 하다보면 자신이 누구인지, 왜 이 자리에 있는지 잊어버리기 일쑤다. 직장인도 사람이고 사람이 사피엔스의 범주에 속한다면 편안함을 추구할 권리를 뛰어넘어 행복해야 하는데, 우리의 삶은 고단함의 연속이다. '행복해지고 싶다'라는 왜 이런 모순된 말이 나왔겠는가. '행복해지고 싶고, 행복할 것이다'라는 명제 속에는 현재 나는 행복하지 않다는 전제가 자리 잡혀 있다. 현실을 믿고 살아야 하는 것이 인간이라면 우리는 행복하지 않다고 말할 수밖에 없다.

행복은 기쁨의 강도가 아니라 빈도에 따라 결정된다. 그게 행복이다. 행복한 그날을 기다린다고 오는 것도 아니다. 언젠가는 행복해질 수 있을지에 대한 궁금증은 잠시 접어놓고 현재를 바라보자. 행복할 사람은 이미 행복하고, 만약에 그렇지 않다면 지금 바로 행복해질 무언가를 찾아 나서면 된다. '언젠가'라는 것은 앞으로 없을 것이기 때문이다. 그래서 사람들이 말하는 '행복해지고 싶다', '행복할 거야'라는 식의 미래를 이야기하는 것은 있을 수 없다. 지금이 행복한 순간이고, 우리가 바라는 시간은 지금 바로 이 순간에 있기 때문이다.

경험을 쌓기에 가장 좋은 시기는 바로 지금이다. 만약에 고민을 하고 있다면 어느 쪽이든 상관없다는 얘기다. 부족했던 지식을 쌓고자 한다면 지금 바로 학원에 등록해야 시행하려던 내 의지의 불씨를 살릴 수 있다. 생각났을 때 안 하면 나중에는 잊힐 수 있다. 우리의 박약한 의지이면서 내 본연의 모습이니 놀랄 필요는 없다. 계획을 세워놓고 몇 개월의 저금운동을 통해서 떠나는 것도 자금의 안정을 줄 수 있겠지만, 나는 그렇게까지 기다릴 필요가 없다고 말한다.

승진은 빨리하는 게 좋고, 군제대도 빠른 게 좋듯 나에게 필요한 경험은 가능하면 지금 당장 해야 한다. 다양한 경험은 나에게 많은 기회를 가져다줄 것이다. 내 생각의 사이즈를 넓혀주고, 세상을 바라보는 시각을 넓혀줄 것이다. 세상은 저 앞에 있으니 그 속에서 답을 찾아야 한다. 좀 더 가치 있는 일을 하고자 한다면 더 많은 가치를 볼 수 있어야 하고, 자신의 능력을 끌어올리고 싶다면 더 많은 세계를 경험해야 한다. 세계는 밖에 있고, 당신을 기다리고 있다. 님들이 믿어왔던 정답이, 이 세상 속에서는 정답 중 하나일 뿐이라고 당신만큼은 꼭 알고 살기를 바란다.

Tip
··
1년 1회 이상, 최소 1주일 이상 혼자 배낭을 메고 떠나는 여행을 하라. 창의력, 수용력, 인품, 자존감을 찾기에 여행보다 좋은 것은 없다.

요즘 직장 생존전략

"타인과 공감할 수 있는 능력은
인류에게 주어진 최고의 선물이다."

메릴 스트립Meryl Streep

블라인드 채용에도 불구하고 대부분의 기업이 채용평가 시 학벌을 무시하지 않는 것으로 나타났다. 기업 316개사를 대상으로 학벌이 채용평가에 영향을 미치는지 여부를 알아본 결과 절반 이상인 53.5%가 영향을 미친다고 답한 것이다. 이는 지난해(48.1%) 대비 오히려 5.4%P 상승한 수치다. 조사결과 기업 형태별로는 대기업(66.7%)이 중소기업(50%)보다 학벌중시 비율이 16.7%P 높았다. 경향신문 2020.10.[17]

지원자의 학력으로 서류전형 합격자를 골라내던 시절이 있었다. 서울대학교를 100점 기준으로 하고, 유학파일 경우 학교 이름별로 편차를 주었다. 우리가 익히 알고 있는 학교들이 다음을 차지하고 지역별로 점수비중을 달리했다. 출신학교에 따라서 내가 취업할 수 있는 회사가 이미 정해진 듯 말이다. 이것이 우리 사회의 채용방식이었다. 그러나 이제는 출신학교가 업무능력을 보장해주지 못한다는 사실을 기업들도 점진적으로 깨닫고 있다.

직원 채용전형이 변해가고 있다. 채용 시 가장 중요하게 생각하는 것은 직무능력만큼이나 사람의 됨됨이다. 세상에는 영혼 없이 뛰어난 사람이 넘쳐나기 때문이다. 라면에 스프가 안 들어간 것처럼 부족한 게 있다면 그것은 바로 인성이다. 고등교육 진학률이 70%가 넘어가는 마당에, 사람을 교육수준과 스펙만을 가지고 평가하기에는 알 수 없는 게 너무 많다. 그래서 지원자의 인성을 평가하기 위한 다양한 기법들을 사용한다.

인성을 갖춘 사람이라는 것도 어느 기준을 두고 하는 말인지 정의 내리기가 쉽지 않다. 기술의 발전으로 각종 테스트 기법이 역할을 해주기도 하지만, 명확히 한다면 그저 님들 마음에 드는 사람을 굳이 인성이라는 보기 좋은 표현을 빌려 포장할 수도 있다. 사람을 보는 눈에 따라서 다른 결과가 나오는 오류지대가 너무 많다. 서면으로 된 이력서를 평가하기 때문에 주관적 견해가 작용할 수 있다는 것이다. 서류로 사람을 평가하다가 정작 필요한 인재를 놓칠 수 있다. 인재가 어디 '저는 인재입니다'라는 정부 보증서가 있는 것도 아니니 말이다.

한때 인문학 열풍이 불었던 적이 있다. 세대의 흐름 속에 사피엔스가 갖추어야 할 기본이 결핍증에 걸린 듯 인문학을 갖춘 인재가 중요한 시대가 돌아왔다. 인문학을 말하는 학자들은 각자 다른 자신만의 정의를 가지고 있다. 그래도 얼추 비슷한 것 하나는 사람의 본성이나 사람됨을 정의하는 학문이라는 건데, 조금 추상적이지만 결국 사람의 본성은 잘 먹고 잘살기 위해 존재한다는 것이다. 즉, 행복하기 위해 사는 삶을 말한다. 잘살기 위해서 무엇이 필요한지를 연구하는 학문이라면, 나 자신을 스스로 존중하고 사랑하는 것은 그 기초가 된다.

나를 존중하고 사랑할 줄 안다면 다른 사람도 존중하고 사랑할 수 있다는 것이기 때문에, 회사라는 집단에서 적절히 융합하여 지속성장의 원동력이 될 수 있다는 결론에 이른다. 이것이 기업에서 말하는 인문학과 채용을 복합적으로 활용하는 이유다.

지금까지 우리는 배우는 것만이 공부라고 여기는 측면이 컸다. 책상 앞에 앉아 글자를 연구하고 문제지를 풀기 위한 연습만 끊임없이 반복했다. 문제풀이에 최적화한 교육과 문제지를 통해서만 사람을 평가하려는 우리 조직의 게으름 또한 문제점이다. 진정한 배움은 책상에서만 나오는 게 아니라, 설사 그게 배움이라고 하더라도 배움으로 끝나는 것이 아니다. 생각하고 실천하고 그것을 현실로 담아낼 때 비로소 공부가 완성되는 것이다.

"애들이 겉은 번지르르한데 속이 없어, 속이."라며 라떼들의 푸념은 깊다. 사실이다. 요즘, 지식의 수준은 높은데 가슴속 지혜는 없는 사람이 너무 많다. 그래서 사회가 어둡게 흘러가고 있는 것은 아닐까? 우리 아이가 성공하기 위해서는 다른 누군가는 다쳐도 된다는 의식이 우리 마음속 안에 뿌리 깊게 박혀 있다. TV를 보면 부정입학, 부정채용 등 부모찬스 이야기가 끊임없이 나오는 이유이다. 누구를 탓할 필요도 없는 것은 바로 우리의 모습이기 때문이다.

재미있는 것은, 요즘 젊은 사람들은 단체 프로젝트를 피하려 한다는 것이다. 채용절차에서도 단체 프로젝트를 부여하는 것을 제일 싫어한다. 자신의 일이 아니면 쿨하게 거부한다. 자신의 능력과 팀의 능력이 뒤섞이는 것 자체를 싫어하는 것이다. 학부시절에 팀 프로젝트에 이름만 넣고 똑똑한 친구 몇 명이 다하던, 그런 시절을 겪었던 선배들은 쉽게 이해하기 힘든 부분이다. 그만큼 청춘들은 자신의 능력을 온전히 평가받기를 원하는 것이다. 직장에서 인문학적 소양을 갖춘 사람을 찾는 이유가 그 안에 있다.

해외에 살면서 만난 친구들, 외국인들 특히 미국이나 유럽 출신들은 대학교에 목숨을 거는 우리의 이야기에 놀라움을 감추지 못했다. 그때 한 가지 알게 된 게 있다. 그들은 고등학교를 졸업할 시기가 되면 장기간 여행을 떠난다는 것이다. 여행하면서 자신이 학교에서 보지 못했던 것을 체험하고, 다양한 사람들을 만나면서 내면의 폭을 넓혀나간다. 이때 특별히 무엇을 하겠다는 고민을 하는 게 아니라 그저 세계를 경험하는 것뿐이다. 여행이 끝나고 돌아오면 대학교에 진학할지 아니면 취업준비를 할지 결정한다. 나는 그들의 모습에서 내적 성숙함을 느낄 수 있었다. 그들은 독립성이 강하고 자신의 의견에 소극적이지 않으며 자신의 판단에 확신을 가지고 있었다.

당신 직장의 직원평가 방식과 채용절차와 채용흐름을 바꿔야 하는 이유도 여기에 있다. 사람을 보는 눈을 바꿔야 한다. 만약 당신의 회사가 아직도 님이 원하는 수준에서 사람을 평가하고 있다면 그 회사는 빨리 떠나는 것이 상책이다. 님은 지원자들이 면접장에 들어오는 모습만 봐도 어떤 사람인지를 다 알아본다고 한다. 대단한 통찰력을 지녔는지 한눈에 어떤 사람인지를 읽을 수 있다니, 님은 왜 회사에 있는지 의구심이 든다. 돗자리라도 펼쳐야 하는 게 아닌가!

당신이 만약 취업을 준비하든지, 경력사원으로 이직을 준비하든지 간에 최근 달라진 회사에서 바라보는 인재상을 연구해야 한다. 단순하게 좋은 사람으로 남았고, 열심히 일했다는 것만으로는 설득력이 없다. 그동안 수행한 일 또는 경험을 통해서 얻은 것이 무엇인지, 내적성장을 표현할 수 있는 수준에 이르러야 어디에 가서도 명함을 내밀수 있다. 철저히 업무능력만으로 평가해주기를 바란다면 그것을 증명할 수 있도록 자기를 단련해야 한다.

당신이 능력만 있다면 회사선택의 폭은 넓어질 것이다. 회사는 절대불변이라는 것을 우리는 잘 알고 있다. 남들이 갖추지 못한 그 무언가를 찾아내야 하는 이유이다. '천재'는 많지만 '사람'은 보이지 않기 때문이다. 나를 발전시켜야 할 이유는 그거 하나로도 충분하다. 고학력을 이유로 능력을 평가받는 시대는 오래전 이야기다. 세상을 보는 눈을 뜨고 내적 인품을 확장시켜 미래를 봐야 한다. 그때 기회가 찾아올 것이고 당신은 웃으며 앞으로 나갈 수 있다.

Tip
· ·
세상엔 헛똑똑이들이 많다. 인격은 수준을 말하고 인품은 쌓을 수 있는 넓이를 말한다. 학력에 안주하지 말고 꾸준한 만남과 참여로 인품을 넓혀라.

5-6

직장인 백서 :
인간관계에 대한 세 가지 비밀

"있다고 다 보여주지 말고, 안다고 다 말하지 말고,
가졌다고 다 빌려주지 말고, 들었다고 다 믿지 마라."
윌리엄 셰익스피어 William Shakespeare

"일보다는 사람이 싫어서 떠난다." 직장인 379명을 대
상으로 일과 직장 내 인간관계에 대해 조사를 했는데 응답자의 81%
는 일과 사람 중 퇴사에 더 영향을 미치는 것은 사람이라고 답했다.
직장 내 인간관계의 갈등은 퇴사의 직접적이자 가장 큰 원인이 된다.
실제로 퇴사나 이직을 한 사람도 54.4%였다. 파이낸셜뉴스 2019.3.[18] 이
처럼 직장인 대부분이 인간관계의 어려움을 호소하고 이를 해결하지
못해 스트레스는 쌓이고 있다.

이런 어려움이 얼마나 큰지 위와 같은 문제를 해결하기 위한 방법
과 정답은 서점과 인터넷에 수없이 제시되고 있다. 인간관계를 좋게
하는 공식은 세상에 이미 많이 보급되었다. 그러나 그런 공식들이 과

연 우리 사회에서 적용되고 있을까? 인간관계가 과연 책에 씌어진 몇 가지 공식으로 해결할 수 있는 문제였는지, 언제부터 사람과의 관계를 공식화했는지 나는 조금 의아하다.

주재원 생활을 하다 잠시 귀국했을 때, 강아지를 분양받았다. 초코라는 이름의 토이푸들로 초등학생 조카에게 선물한 녀석이다. 어찌나 귀엽고 예쁘던지 조카의 두 손에 올려놓아도 충분할 정도로 작은 아이였다. 손바닥만 하던 강아지는 하루가 다르게 커갔다. 본사에 일이 있어 국내에 체류하던 14일 동안에도 쑥쑥 자라더니, 어느덧 어엿한 강아지로 자랐다.

가족들과 나는 초코를 정성스레 어루만졌다. 가족처럼 말이다. 그렇게 며칠을 함께 지낸 강아지와 헤어질 시간이 되어 갔다. 솔직히 다른 가족들보다 강아지와 헤어지는 게 너무 힘들었다. 비록 작은 생명체지만 며칠을 함께 지낸 이 아이는 나의 마음을 훔쳐가버렸다. 강아지를 키우는 이유가 외로움을 달래는 등의 여러 심리적 요인이 있지만, 나는 강아지가 왜 우리 사회에서 가장 인정받는 반려동물이 되었는지 말하고 싶다.

강아지가 우리에게 사랑받는 이유는 세 가지가 있다.

1. 나를 사랑한다.
2. 조건 없이 사랑한다.

3. 죽을 때까지 사랑한다.

그렇다면, 우리가 강아지를 사랑하는 이유도 세 가지가 있다.

1. 나를 사랑하는 것을 알고 있다.
2. 조건 없이 사랑하는 것을 알고 있다.
3. 이 모든 것에 의심이 없다.

여기에서 우리가 꼭 알아야 하는 것이 있다. 그것은 '진심'이라는 것이다. 물론 여름 휴가철에 반려견을 버리고 돌아오는 비인간적인 행동을 목격하기도 한다. 세상에는 이해할 수 없는 존재들이 참 많다. 일부 인간들의 일이니 오늘은 쓰레기들 얘기는 접어놓겠다. 진심이란 이렇게 말이 통하지 않는 동물과도 가족이 될 수 있는 기본적인 요소이다.

그렇다면 상대가 진심인지 아닌지를 어떻게 알 수 있을까? 진심이 아니면 머리 위에 달린 경고등이 빨갛게 번쩍거리기라도 한단 말인가? 사실 그렇지 않다. 우리도 두 발로 걷는 생물학적 동물이기 때문이다. 단지 두 발로 걷고 혼자 자문할 수 있는 생각의 범위가 다른 동물들과 차이가 있어 지구를 지배하고 있을 뿐이지 동물임에는 틀림없다.

동물이므로 가지고 있는 하나가 있다면 그것은 '감感'이다. 다른 말로 풀어 쓰면 '느낌'이라고도 할 수 있는데, 타인에게서 느끼는 진심을 말하기도 한다. 진심을 느꼈을 때 동물은 움직이고 자신도 타인에게 마음을 다하게 되는 것이다. 즉, 진심을 다하는 것이 바로 강아지가 사람에게 줄 수 있는 최대한의 노력이다. 초코는 늘 나에게 진심으로 대했고, 나는 그것에 의심이 없었다.

인간세계로 돌아와보자. 우리는 얼마나 진심을 다하는가? 세상에 온갖 거짓이 난무하고 사람을 속이기 위해 갖가지 포장을 덮어씌워 썩은 내가 진동한다. 인간관계론을 보면 공식화되어 상대를 움직이는 것에 초점이 맞춰져 있다. 그러나 실제로 그 사람의 진정성을 느끼게 하는 글은 찾아볼 수가 없다. 참으로 안타깝다. 매일같이 주입되는 우리의 교육에 인간관계까지 주입되는 학습으로 관계를 만들어나가는 게 과연 초코보다 나은 동물이라고 말할 수 있을까? 수많은 서적을 뒤져 글을 읽었지만 나와 세상이 바뀌지 않는 이유는 우리가 가져야 할 기본적인 도道를 갖추지 못했기 때문이다. 자, 무엇을 바꿔야 할까?

인간관계 구축을 위한 세 가지

진정한 사람과의 관계를 연결 지을 결정적인 세 가지가 있다. 첫째, 청명한 마음으로 상대방을 알아가고자 하는 호기심을 갖는 것이다. 사람을 이해하려고 하고 본질을 알아가는 데 집중하는 것이다. 사람은 나에게 호기심을 가진 누군가에게 마음이 가게 마련이다. 이때 호기심이 의도된 접근으로 인맥구축을 위한 얕은 전술이 되어서는 안 된다. 명함을 나누고 적절한 예절과 비즈니스 관계를 구축해 나가는 것은 기본적인 사회인의 소양이 될 수는 있지만, 그 사람과의 관계가 완벽에 가깝다고는 할 수 없다.

조그만 질문이라도 상대를 알아가는 데 노력을 기울여 호기심이 있음을 나타내는 것이 필요하다. 이때 호구조사를 하듯 캐묻거나 필요이상의 질문을 하는 것은 주의해야 한다. 누군가의 소개를 받아 만나게 되는 사람일 경우 소개한 사람을 통해 어떤 성향인지를 조사하지 말고 상대에게 집중하는 노력이 필요하다. 호기심이 상대방의 조사목적이 되어서는 안 된다.

둘째, 외면보다는 내면의 본질을 파악하는 데 힘을 다한다. 명함의 몇 글자와 사회적 지위를 포장하는 은박지를 보지 말고 그 안에 있는 내용물을 깊게 탐구하기 바란다. 아직도 우리 사회는 외면이 중요하다. 이 외면은 깨끗이 머리를 빗고 깨끗한 옷을 입는 것을 말하는 게 아니다. 사회활동을 하는 나는 모임에 나갈 때 차를 타고 가는 경우가 있다. 모임장소에 도착해서 건물 앞 가장 잘 보이는 주차장에 주차하고 중앙현관을 통해 회의장소에 도착한다. 나는 깨끗한 정장을 차려입고 있다. 평소처럼 사람들과 많은 대화를 나누고, 의견을 교환하고 한 시간 동안의 미팅을 마친다.

"자, 밥 먹으러 갑시다." 이제 저녁식사를 위해 내 차와 동료의 차에 나누어 타고 이동을 준비한다. 이때 내 차는 2004년식의 낡은 국산차이고 동료의 차는 2021년식의 최신형 수입차다. 주차된 두 대의 차를 보며 당신은 어떤 느낌을 받았는가? 말은 할 수 없지만 나는 이미 능력 없는 사람의 모델이 되어버렸고, 동료는 능력 있는 사람이 되어버리는 순간이다. 당신은 차를 보고 사람을 평가하지 않는다고 말할지도 모른다. 굳이 그렇게 말할 필요는 없다.

왜 고급승용차를 타고 있는 동료와 내 삶의 윤택함이 정해져버린 것일까? 당연한 일이다. 우리 사회는 이미 '성공병'이라는 호환마마보다 더 무서운 고질병에 시달리고 있기 때문이다. 좋은 차를 타고, 명품옷을 입고, 번쩍거리는 시계를 찬 모습이 우리가 원하는 성공의 모습 아니겠는가? 그러나 우리는 다 알고 있다. 이것이 이 사람의 인품과 인격을 나타내는 게 아니라는 것을 말이다. 우리는 아직도 겉껍질에 관심이 많다. 열대과일의 여왕이라고 불리는 두리안처럼 겉은 딱딱하고 별 볼일 없지만, 그 안은 우리가 사랑하는 달콤함이 숨어 있음을 잊어서는 안 된다.

셋째, 진심을 다하는 마음과 따뜻함은 대인관계를 만드는 기본자세이다. 직장에서든 사회에서든 가짜로 좋은 말을 해봐야 상대는 다 알아차린다. 진심이 사람을 움직이듯 진심이 담긴 말과 행동으로 인간의 냄새를 풍겨야 한다. 모임에 나가면 유독 나에게 칭찬을 아끼지 않는 사람이 있다. 다른 사람에게 소개할 때에도 올림픽 피겨스케이팅에서 대한민국 최초로 금메달을 딴 김연아 선수 정도로 나를 치켜세운다. 내 부모형제도 나를 잘 모르는데 나를 만난 지 몇 년 되지도 않은 사람이 나를 소개하는 모습에 나도 놀랐다. 우리가 흔히 말하는 칭찬과는 차이가 있다.

칭찬인지 아닌지 잘 모르겠다. 왜 그럴까 곰곰이 생각해야 하는 것인지, 아니면 그냥 감사하게 받아들여야 하는지도 잘 모르겠다. 하지만 나는 그것이 진심이 아니라는 것쯤은 잘 알고 있다. 급한 마음에 조금씩 자신을 과대포장하게 되고 거짓말이 튀어나오게 된다. 작은 거짓이라도 그것은 이미 인간관계를 더 이상 진전시킬 수 없는 걸림돌이 되는데, 나도 모르게 그렇게 된다.

진심 없는 인간관계는 모래성과 같다

인간관계는 모래성이 될 수도 평생의 친구로 자리 잡을 수도 있다. 그렇게 만드는 것은 한 끗 차이다. 사람을 진심으로 대할 수 있는 자세와 장기전으로 갈 수 있는 인내심이 필요하다. 과연 인맥과 인간관계의 구분은 어디에서 시작되는 것일까? 카카오톡에 연결된 많은 사람을 보며 행복해하는 것일까? 아니면 전화 한 통이면 저녁 술자리에 불러낼 수 있는 사람의 숫자가 나의 인간관계를 보여주는 평가표가 되는 것일까? 그렇게 인간관계를 가지며 서로서로 품앗이하는 것일 뿐, 내가 말하는 진정한 관계는 될 수 없다.

권남희 번역가의 저서《귀찮지만 행복해 볼까》에는 좋은 구절이 있다. "제일 구려 보이는 사람은 인맥이 없는 사람이 아니라, 인맥이 넓다고 떠들어 대는 사람이다." 동감이 되면서도 또 한편으로는 내 얘기를 하는 것 같아 피부가 쏘_l라든다. 온갖 좋은 말로 사람을 현혹하는 사람 대부분의 공통점 하나가 있다. 인맥에 목매는 사람이다. 나는 그런 사람이 나쁘다고 말하는 것이 아니다. 다만 나는 그 사람의 인맥수첩 안에서 활용되고 있다는 것에 따뜻함을 느끼지 못하는 것뿐이다.

우리는 사람과의 관계에서 멀어진다는 것에 두려움을 느끼고 있다. 어쩌면 사회적 동물인 사피엔스의 기본적인 두려움 아니겠는가? 그러나 우리는 조금 더 넓은 생각을 할 수 있다. 나를 빼놓고 자기들끼리 잘 놀고 있다는 것에 부러움을 느끼면서 인간관계에서 낙오되는 것이 아닌지 불안해할 필요가 없다. 누군가의 모임에 내가 배제될 때 나의 자존감은 바닥에 떨어지고 만다. 그러나 보잘것없는 사소한 일에 마음을 복잡하게 할 필요가 없다. 작은 일에 신경 쓰며 살기에는 인생이 너무나 짧다.

나는 공식화되어 있는 스마트한 인간관계보다는 진심이 담긴 멍청한 인간관계를 추구한다. 시대는 4차 산업혁명을 몰고 왔고, 앞으로는 사람을 대체할 수많은 기계가 우리의 자리를 위협할 것이다. 이때 우리가 살아남을 수 있는 단 하나는 인간다움 아니었던가. 그것은 진심에서 시작될 수 있고 곁가지로 끼워 넣는 인간관계는 필요에 의한 모래성이 될 수 있다. 나를 나타내지 않아도 보여지는 그런 사람이 필요하다.

당신이 10년, 20년 전에 만났던 사람의 몇 퍼센트를 지금까지 만나오고 있는가? 이것에 대한 답을 한번 찾아보기 바란다. 아마도 적게는 1%에서 많아 봐야 10%가 되지 않을까? 그렇다. 사람과의 관계는 돌고 도는 2호선 순환선과도 같으니 지금 이 사람을 놓치면 안 된다는 강박관념을 버려야 한다. 즉, 많은 수의 인맥을 넓히는 것에 목매지 말라는 것이다. 인간관계는 수첩의 숫자로 보이는 것이 아니다. 자연스러움이 더 좋은 사람을 만나게 하고 직장과 사회에서 좋은 인간관계의 초석이 될 것이다.

우리는 문어발식 인간관계를 경량화할 필요가 있다. 2021년식 외제차에 열광하는 열 명의 허울보다 나를 향해 맑은 눈빛을 보내주는 한 마리의 초코가 나의 삶을 풍족하게 해줄 수 있다는 것을 잊지 말아야 한다. 하나를 사귀어도 나에게 진심인 그 사람을 사귀기를 바란다. 그 속에서 진실된 인간관계가 구축될 것이고, 내 삶을 풍족하게 해줄 것이다.

Tip
· ·
나에게 호기심이 없고, 그저 돈 많은 걸 과시할 뿐 진심이 없는 인간관계는 당신을 병들게 한다. 손해 보는 것 없으니 적당히 거리를 둬라.

5-7 나를 움직여 나만의 희망을 찾다

"미지의 영역에 발을 내디디려 할 때면 항상 불안하다.
늘 그래 왔고 앞으로도 그럴 것이다.
불확실함은 또한 가능성이라는 선물을 준다."

피터 홀린스Peter Hollins

행동력이 만든 도전

나는 대학교를 졸업하면 1년 동안 해외여행을 하고, 회사에 취직한다는 평범한 인생을 그리고 있었다. 그러나 내 깊은 곳에 숨어 있는 적극적이고 진취적이던 열정은 나를 바삐 움직이게 만들었다. 총학생회장에 당선되면서 전국 학생회장협의회에서 임원을 맡았다. 선배시대의 그런 게 아닌, 남다른 행동력을 가진 생활 밀착형 학생회장이라고 할 수 있다. 시대가 많이 변하지 않았는가? 급격한 사회변화의 시간은 학교문화도 바꾸었다. x세대로 불리던 우리에게 개인주의는 이미 자리잡았고, 나 또한 개성을 중요하게 생각하던 시기였다.

무엇보다도 나는 학교의 신뢰를 확보한 학생이었던 것만큼은 분명했다. 스스로 신뢰를 언급하는 것 자체가 좀 웃긴 모습이지만…. 장학금 혜택을 위해서는 공부가 최선이라는 것을 잘 알고 있었을 뿐이다. 단 하루도 수업에 빠지지 않고 공부하는 장학생 총학생회장이었으니, 그래도 학생으로서 할 일은 하던 그런 사람이었다. 총장님이 외부일정이 있을 때마다 나를 대동하고 싶어했던 것을 보면, 그래도 나름 괜찮은 학교생활이었다.

2000년 중반은 '통합과 소통'이라는 사회적 공통과제가 있었다. 그 속에서 주거, 출산, 일자리 문제는 해결하고 싶어도 답안을 찾지 못하던 미완성의 목표였다. 각종 정책추진 과정에서 현세대의 의견이 중요하다는 걸 깨달은 정부는 청년인재를 영입해 새로운 관점에서 그 과제를 풀기 위한 갖가지 방법을 모색했다. 당시 전국청년을 대변할 만한 사람의 명단에 나와 카이스트KAIST 학생이 중앙인사위원회의 각종 전형에서 검증되어 청와대로 향할 수 있었다.

자신의 가치를 증명하는 방법은 자신만이 알고 있다. 발전을 통한 성공의 길은 스스로가 만들어야 하지만 그 길이 맞는지를 알려주고 빛나게 해줄 영향력은 역시나 외부에 있다. 그게 큰 집단일수록 내가 맡은 분야의 성과는 배가되고 내가 서 있는 이 길이 행복의 길이라는 평가를 스스로 내릴 수 있게 된다. 누군가의 지지를 등에 업고, 살아 움직이는 진취적인 청년은 그렇게 외부의 부름calling을 받게 되었다. 그렇게 나는 자신의 가치를 높여 나갔다.

청춘의 보석은 역시 움직임 아니겠는가! 잘 다듬어진 작은 돌이 보석으로 빛나는 순간을 위해서는 누군가의 세공이 필요했다. 그것은 사회에 존재하는 다양한 경험의 기회가 대신해준 것이다. 교내외 활동으로 쌓아온 생각의 흐름으로 전국단위에서 그리고 높은 곳으로 향한 내 청춘은 나름 쓸 만한 이야깃거리가 되었다. 이게 바로 우리가 바라봐야 할 미래를 계획하고 성장동력을 확보해야 하는 이유이다.

나는 순전히 파여 있던 골을 메우고 그 이상의 능력을 발견하고 키워내기 위해 공부하고 행동했던 것만은 아니다. 남들과 똑같이 해서는 다른 사람이 될 수 없다는 진리를 깨닫고, 나만의 인생전략을 짜고 과감하게 실행했을 뿐이다. 늦은 출발은 한눈팔지 않고 미래의 희망을 찾아 나서도록 하는 원동력이 되었으며, 역경을 뛰어넘을 정신적 기준을 마련해주었는지도 모르겠다. 다소 늦었을 뿐, 이제는 예전의 내가 아님을 알고 있다.

청춘의 용트림

현실을 볼 수 있는 눈을 갖기를 바란다. 바라볼 수 있는 산을 보고 올라야 하는데 산만 바라본다고 해서 그게 희망의 목표가 될 수는 없다. 사람들의 실망은 어디에서 비롯되는지 살펴볼 필요가 있다. 갖가지 장애물을 뛰어넘어 취업에 성공한 신입사원이 그곳이 자신이 있어야 할 곳인지 아닌지 환상이 깨지는 데는 채 1년도 걸리지 않는다. 3년 내 신입사원의 이직률은 해가 지날수록 높아지고 있다.

TV에 나오는, 깔끔한 셔츠 차림과 선후배 간의 애환을 나눠가며 성장해나가는 그런 직장인 이야기는 현실에서 찾아볼 수 없다. 경쟁과 생존만이 존재하지, 당신을 행복으로 이끌어주기 위한 경영철학과 정책은 어디에도 없다. 모든 것은 당신의 업무능력을 가치화하여 직장의 경영방침에 부합시키기 위한 하나의 작업일 뿐 당신을 사랑하는 그것은 존재하지 않는다.

신입사원은 냉정한 판단을 내리기까지 3년이 걸리는 것이고, 이 3년이 지나면 우리는 그 올가미에서 벗어나기 힘들다는 것까지 알게 된다. 연차가 쌓이면 우리는 한국에서만 존재하는 경력과 나이를 비교분석하는 산술법에 의해 나이를 먹으면서 도전의식은 머릿속에서 증발해버리기 때문이다. 빨리 움직이면 움직일수록 가능성의 존재는 명확하다. 신입중고新入中古라도 기꺼이 받아들이는 이직자의 자세를 보면 그 시급한 마음을 이해할 수 있다.

"더 좋은 곳은 없었을까? 이게 최선의 선택일까?" 모든 직장인의 공통된 질문은 우리 삶의 고단함이다. 그 고단함을 피할지 아니면 돌파할지는 우리의 선택에 달려 있다. 나는 지금까지 반질반질 참기름 바른 머리의 가르마를 타듯 정중앙을 반듯하게 타고 들어가는 모습으로 모든 삶을 돌파해왔다. 이 책을 읽는 독자들이 내 의식과 모든 행동력을 따라하기를 바라지는 않는다. 어디까지나 내 삶이었기 때문이다. 내가 던져주었던 나만이 알고 있는 성장의 비밀은 당신 내면에 있다.

인사HR를 담당하는 사람은 보통 보수적이라는 선입견이 있다. 정치를 말하는 게 아니다. 반은 맞고 반은 틀린 말이나. 회사의 규정을 관리하고 전 직원에게 똑같이 적용하는 입장에서는 한쪽에 치우치지 않을 중심이 필요한데, 그 중심을 잡기가 참 힘들다. 그래서 선택하는 것이 냉담하고 바른말만 하는 것으로 비집고 들어갈 틈을 주지 않는 것이다. 보통 냉기가 흐른다거나 싸가지 없다는 얘기를 듣기도 하지만 일반적인 인사쟁이의 장점은 누구에게도 해가 되는 말과 행동을 하지 않는다는 것이다.

그런 측면에서 봤을 때 나도 사회 초년생일 때에는 더욱 관료적이었다. 맞고 틀리고가 분명하지 않으면 많은 오해를 낳고 앞을 향해야 하는 조직이 이리저리 왔다 갔다 하며 비틀거릴 수 있다는 생각에서였다. 경험을 쌓으면 쌓을수록 더 명확해지는 듯했다. 그러나 나도 그렇게 냉혈이 흐르는 사람으로 살아가고 싶지는 않았다. 인사를 담당하며 경직되어 있는 사고가 공직에서 출발하여 중소기업, 해외주재원 그리고 대기업으로 이직하면서 쉽게 바뀔 수 있다는 것을 직감하게 되었다.

미래는 쉽게 바뀐다. 코로나가 그 현실을 여실히 보여주고 있지 않은가! 당신도 변화의 흐름에 중심을 잡을 수 있는 사람이 되어야 한다. 나는 15년 전에 이것을 알았고, 중심을 잡기 위한 몸부림으로 실천해왔다. 사회초년생이 가져야 할 그런 용트림이기도 하다. 내가 생각한 사고의 범위가 사회에서 인정되고 받아들여지기까지의 시간과 사람들의 수용력은 100년이 지나도 남아 있을까? 가능한 것은 나의 도전이다.

당신이 알아야 할 몇 가지 성장의 기술을 통해서 당신을 담금질해 보길 바란다. 나는 지금까지 이렇게 살아왔는데 당신은 어떻게 살고 싶은가? 당신도 당신만의 삶의 흐름을 파악하고 그 속에서 중심을 잡고 당신만의 스토리를 만들어가면 변화할 수 있다. 그것이 당신의 성공담을 만들어주고자 하는 내 책의 핵심이다. 내 경험은 하나의 예시일 뿐, 당신의 것이 아님을 다시 한 번 강조한다.

영원회귀

독일의 철학자 프리드리히 니체Friedrich Nietzsche는 '영원회귀Ewige Wiederkunft'라고 말했다. 인간의 생은 하나의 원 안에 묶여 있고 그 안에서 영원히 반복된다는 얘기다. 우리에게 주어진 반복은 하나의 테두리 안의 삶이다. 반복이 일상이 된 지금의 모습은 그래서 모두가 똑같다. 일상 속에서 동료들 그리고 님과의 하루는 또 그렇게 유야무야흘러간다.

오늘을 버티고 시간에 순응하며 살 것인지 아니면 중심을 가지고 당신의 인생을 살 것인지는 당신의 결정에 달려 있다. 진학준비, 취업을 준비하는 청춘, 다크서클을 껴안고 사는 L대리, 결혼하고 집 살 걱정에 아이의 양육걱정, 자기계발로 넓은 무대에 서고 싶은 우리 모두의 청춘이 바로 영원회귀이고 우리의 생^生이다. 니체의 말처럼 "신은 죽었다!"고 믿어야 할까? 아니면 반복되는 틀을 과감히 뛰어넘어 내 삶의 변화를 이뤄낼 것인지 결정은 우리 각자의 몫이다.

관념은 자동으로 계속 생각하는 내 마음속의 소원이다.⁽¹⁹⁾ 이러한 소원이 굳어지고 의지가 될 때 고정관념이 되기도 한다. 내 관념 속에서 인생이란 행복해야 한다고 말하고 있다. 그곳으로 향하는 길을 모를 뿐이다. 아니, 찾아 나서지 않아 행복의 존재를 모르고 살아가고 있는 것일지도 모른다. 인사를 담당하는 전문가 입장에서 경영학에서 배운 공식과 기법을 말하지 않는 게 사실 더욱 어렵다. 그럼에도 나는 당신이 가지고 있는 고정관념과 의식의 변화를 느껴보기를 바라며 글을 썼다.

"성공 직장생활의 정답을 알려주면 안 돼요?"라고 물으면, 나는 "아니, 너 스스로 찾아내는 게, 그게 중요해."라고 말한다. 뒤죽박죽인 인생을 잘 다듬어서 하나의 엑셀시트에 다 담을 수는 없다. 당신이 제아무리 엑셀수식의 달인이라고 해도 MS의 빌 게이츠도 할 수 없는, 신^神의 영역에서나 가능한 인생의 철학이다. 다만, 신은 엑셀수식을 다룰 수가 없다. 아마 강남에 있는 더좋은 컴퓨터 학원에 등록해도 쉽게 풀어낼 수 있는 함수는 아닐 것이다. 이게 우리의 삶이고 단단히 얼어붙은 신의 영역이다.

2021년 겨울, 살을 에는 북극한파 속에서 호숫가는 꽁꽁 얼어붙어 있다. 이 호숫가는 미동도 하지 않고 그저 시키는 대로만 움직여야 하는 당신의 인생과도 맞닿아 있다는 걸 알고 있는가? 당신은 이 얼음을 깰 하나의 도끼가 되어야 한다. 시원하게 내리치면 '쩍' 하고 금이 가는 그 도끼를 말하는 것이다. 한 방을 가지고 있는 인생이 되기를 바란다.

지금까지 당신을 움직이게 만드는 야야기를 함께 지켜보았다. 그 속에 흩뿌려진 실행력은 솔직히 기술이라고 말하기 힘들 수도 있다. 다만, 모든 걸 이 한 문장으로 말해줄 수 있다.

"몸을 움직여 도끼로 얼음을 깨 잠겨 있는 당신을 발견하라!"

Tip

자존감 그리고 당신만의 멘탈은 꼭 챙기길 바란다. 당신은 더 이상 흔들리지 않을 것이다. 당신의 세상은 중심 속에서 이제 안전해질 것이다.

그대여! 이제
움직일 준비가 되었는가?

내 경험 몇 가지를 가지고 독자의 인생이 변화하기를 바라는 게 얼마나 멍청한 짓인지 잘 알고 있다. 내 이야기가 누군가와 비교하면 미약하겠지만, 나 스스로만 놓고 본다면 대견하기만 하다. 경험이 없는 실행은 부족함을 낳고 누군가에게 설명할 수 없는 신뢰의 결핍으로 이어진다. 나뿐만이 아니라 지금 이 순간에도 수많은 사람들이 다양한 경험으로 세계를 평정하고 있다. 그들만의 인생을 걸고 지금도 젊음과 청춘을 바쳐 세계 속에서 그들이 존재하고 있음을 스스로 증명해내고 있다. 정말 존경스럽다.

나는 단순히 일을 위해 세상 속으로 나간 것은 아니다. 해외에서 뭐 그리 오래 있었던 것은 아니지만 나로서는 나라는 사람을 온전히 찾아내기에 충분한 시간을 세상 속에서 보냈다고 생각한다. 그것이 내 일생에서는 가장 중요했던 전환점이 되어 이 자리에 서서 살아가고 있다. 누구나 인생의 전환점이 있다. 나도 그렇고 당신 역시도 그렇다. 그러나 그 전환점이 언제인지 그리고 어떤 부름이 있었기에 발생했는지 정확하게 인지하기란 쉽지가 않다.

인생의 낭비라고 여겨질 정도로 대책이 없었던 10대 때의 방황은 성장을 위한 에너지 응축의 시간이었다는 것을 알게 되기까지 꽤 오래 걸렸다. 누군가가 일찍 알려주었다면 내 인생은 어떻게 달라졌을까? 나를 알아주었던 성인과도 같은 수녀님과의 만남은 어쩌면 내 인생은 이미 'calling'이라는 소명을 받아들이고 있었는지도 모른다. 응축된 에너지가 가히 걷잡을 수 없을 정도의 폭발력을 발휘하여 전국을 휘감았던 20대 때는 누구나 꿈꾸던 야망의 시간이었다.

태어난 날부터 산부인과 신생아실 옆에 누워 있는 아기와 경쟁이 시작되는 우리의 일생이 어쩌나 안타까운지 모르겠다. 한 번도 우리가 경쟁에서 자유롭고 속박에서 자유로웠던 적이 있었는가? 사전학습으로 다져지는 어린 시절부터 초등학교 입학과 동시에 시작되는 대입을 위한 모든 과정은, 입시를 경험하는 모든 이에게 소원을 갖게 한다. 그 소원은 단 하나, 이 모든 것이 언제 끝나는지, 언제부터 자유로워질 수 있는지이다.

성인이 되면 과연 자유를 얻을 수 있을까? 자신만의 세계를 구축할 수 있는 시간과 여유를 우리에게 허락해줄까? 우리는 알 수 없는 망막함을 안고 오늘도 책상에 앉아 문제집을 풀고 있다. 안타까운 우리의 청춘은 언제쯤 보상받을 수 있을까? 누가 그 시간을 보상해줄까? 무엇을 추구하는 삶이 되어야 내 것으로 만들 수 있을까? 직장인은 과연 무엇을 추구하기에 오늘도 대문을 밀고 나가는 것일까?

"행복한가요? 행복해질 수 있을까요?" 나는 자문을 하며 과연 행복이 무엇인지부터 깨닫기를 갈망해왔다. 행복함을 느끼면 된다고 하는데 그게 도대체 무엇인지 내 마음의 편안함에서 오는 것인지 아니면 내 육체의 안녕에서 충만해지는 것인지 어느 누구도 말해주지 않았다. 그저 평온한 하루가 그저 감사할 뿐이다. 감사함으로 침대에서 일어나 출근하는 것 자체가 나에게 행복한 하루를 선사한다. 그게 행복함인 줄도 모른 채 말이다. 당신도 처음을 점검하는 하루를 시작하길 바란다.

오랜만에 진지하게 아침을 열어보았다. 매일 같은 일상 속에서 침대 밖의 세상과 이별하고 싶다는 마음으로 침대를 껴안고 보냈을 이 시간을 나는 지난날의 희로애락을 되짚어보며 즐거운 생각에 잠긴다. 지난 시간이 나에게 무엇을 주었는지는 확언할 수 없지만 내가 일어설 수 있게 해주었던 소중한 시간이었던 것만큼은 분명하다. 어차피 다녀야 하는 직장이라면, 살아야 할 인생이라면 그 속에서 살아남을 움직임이 필요하다. 이제는 당신도 당신만의 여정으로 그 시간을 채워보기를 바란다.

인생의 전환점을 선사해준 많은 은인께 감사의 인사를 드린다. 거칠면서도 따뜻하다며 독특한 나의 캐릭터를 존중해주는 주변의 모든 분들께 감사드린다. 특히, 요한 수녀님께 내 마음 전부를 담아 감사의 인사를 전한다. "저, 덕분에 살아요!" 마지막으로 이 책을 쓰고 펴내기까지 큰 힘이 되어준 내 친구이자 사랑하는 아내 유리와 우리 아이에게 이 책을 바친다.

| 참고 · 인용 |

(1) 〈아시아경제〉 '임금삭감에 정리해고까지⋯ 코로나19로 생계유지 어려운 직장인 울상' 2020.08.28.

(2) 〈Facebook〉 이병태 교수 SNS '코로나가 가져올 변화들' 2020.2.29.

(3) 《행복한 이기주의자》 웨인 다이어(Wayne Walter Dyer) '머스터베이션(Musterbation)'

(4) 〈중앙일보〉 '직장인 행복, 사내복지보다 '일에서 성장'에 달렸다' 2020.11.20.

(5) 《사람in 직장in 생활백서》 [팀장으로 산다는 건] #5 팀원을 프로로 만드는 첫걸음, InterBiz표 ⓒ김진영의 내용 일부 인용 2020.12.01.

(6) 〈서울경제〉 '대학생 77% 취업 어렵다. 희망연봉은 3천만 원대' 2020.12.27.

(7) 〈헤럴드경제〉 [데니스 홍 UCLA 교수 본지 인터뷰] "인공지능 기술의 최종목표는 인간행복" 2019.02.07.

(8) 〈연합뉴스〉 AKA '전북 발산초에 AI 학습 로봇 뮤지오 설치' 2021.01.27.

(9) 〈ABC NEWS〉 '21,000명 중년 남녀 추적조사' abc VIDEO PODCASTS

(10) 《움직임의 힘》 켈리 맥고니걸(Kelly McGonigal) '사피엔스는 움직이는 존재'

(11) 《최고의 변화는 어디서 시작되는가》 벤저민 하디(Benjamin Hardy) 목적적 목표(Ends goal), 수단적 목표(Means goal)

(12) 〈서울시자원봉사센터〉 '20년 '청년들의 봉사활동 참여 인식조사' 2020.8.

(13) 〈나무위키〉 기술적 특이점(技術的 特異點), technological singularity 2장 정의, 《특이점이 온다(The Singularity Is Near)》 레이 커즈와일(Raymond Ray Kurzweil)

(14) 〈머니투데이〉 '취업에 가장 불필요한 스펙 1위는?' 2020.6.9.

(15) 〈아시아경제〉 "꿈은 무슨⋯ 돈 벌려고 다니는 거죠" 직업 만족도 낮은 직장인 '곽금주 교수 인뷰' 2020.08.29.

(16) 《에이트 EIGHT》 이지성 '문화 인류학적 여행'

(17) 〈경향신문〉 '직원 채용 시 학벌 여전히 중요' 2020.10.20.

(18) 〈파이낸셜뉴스〉 '직장인 10명 중 8명 일보다 사람 싫어 회사 떠난다' 2019.03.20.

(19) 《하느님과의 수다》 사토 미쓰로(Sato Mitsuro) '관념은 자동으로 계속 생각하는 내 마음속의 소원이다'

무엇이 당신을 움직이게 만드는가

초판 1쇄 발행 2021년 5월 28일

지은이 한상권
펴낸이 추미경

책임편집 김선숙 / **디자인** 정혜욱 / **마케팅** 신용천

펴낸곳 베프북스 / **주소** 경기도 고양시 덕양구 은빛로 45, 4층 406-1호(화정동)
전화 031-968-9556 / **팩스** 031-968-9557
출판등록 제2014-000296호

ISBN 979-11-90546-11-9 (13320)

전자우편 befbooks15@naver.com / **블로그** http://blog.naver.com/befbooks75
페이스북 https://www.facebook.com/bestfriendbooks75
인스타그램 https://www.instagram.com/befbooks